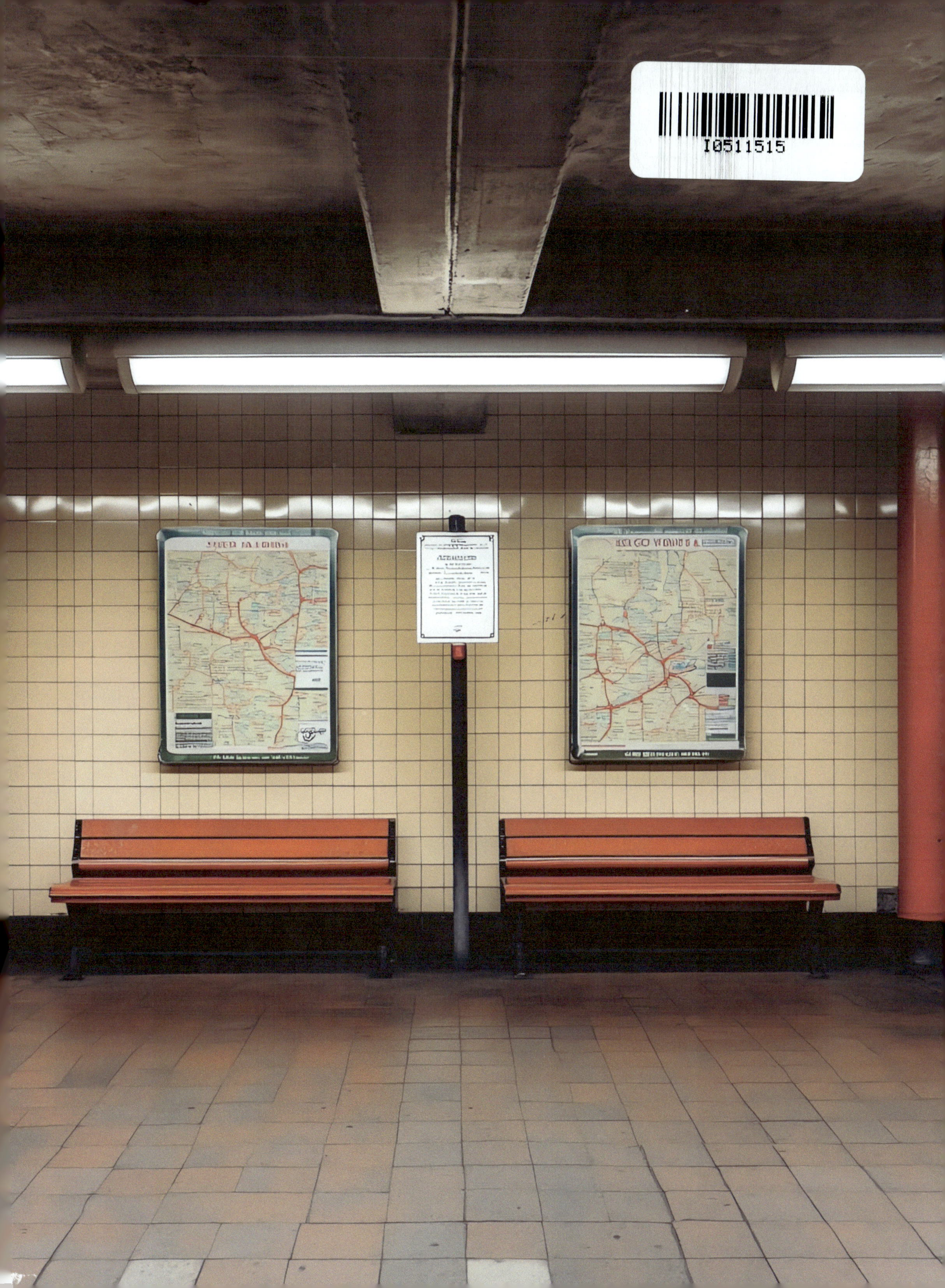

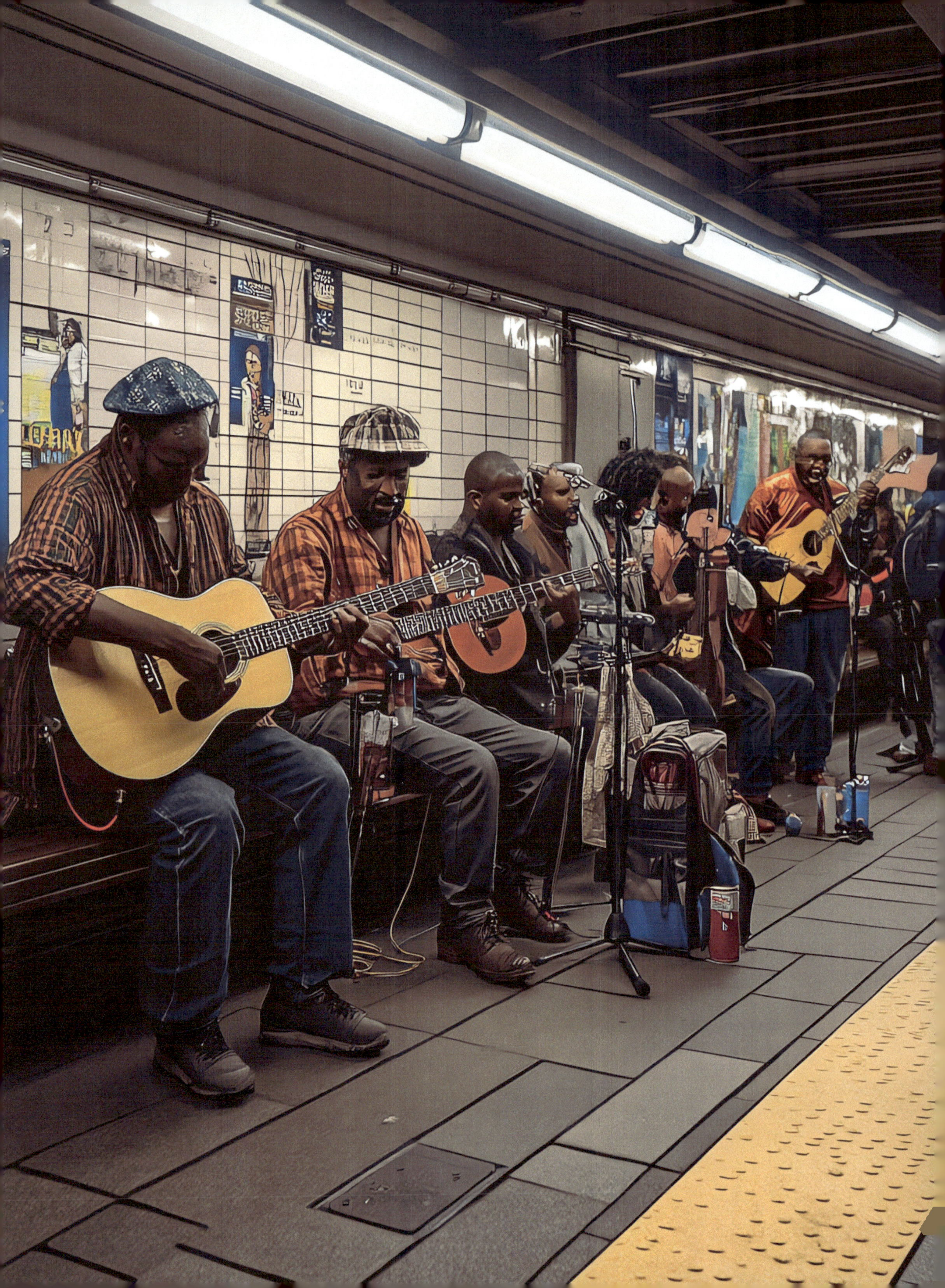

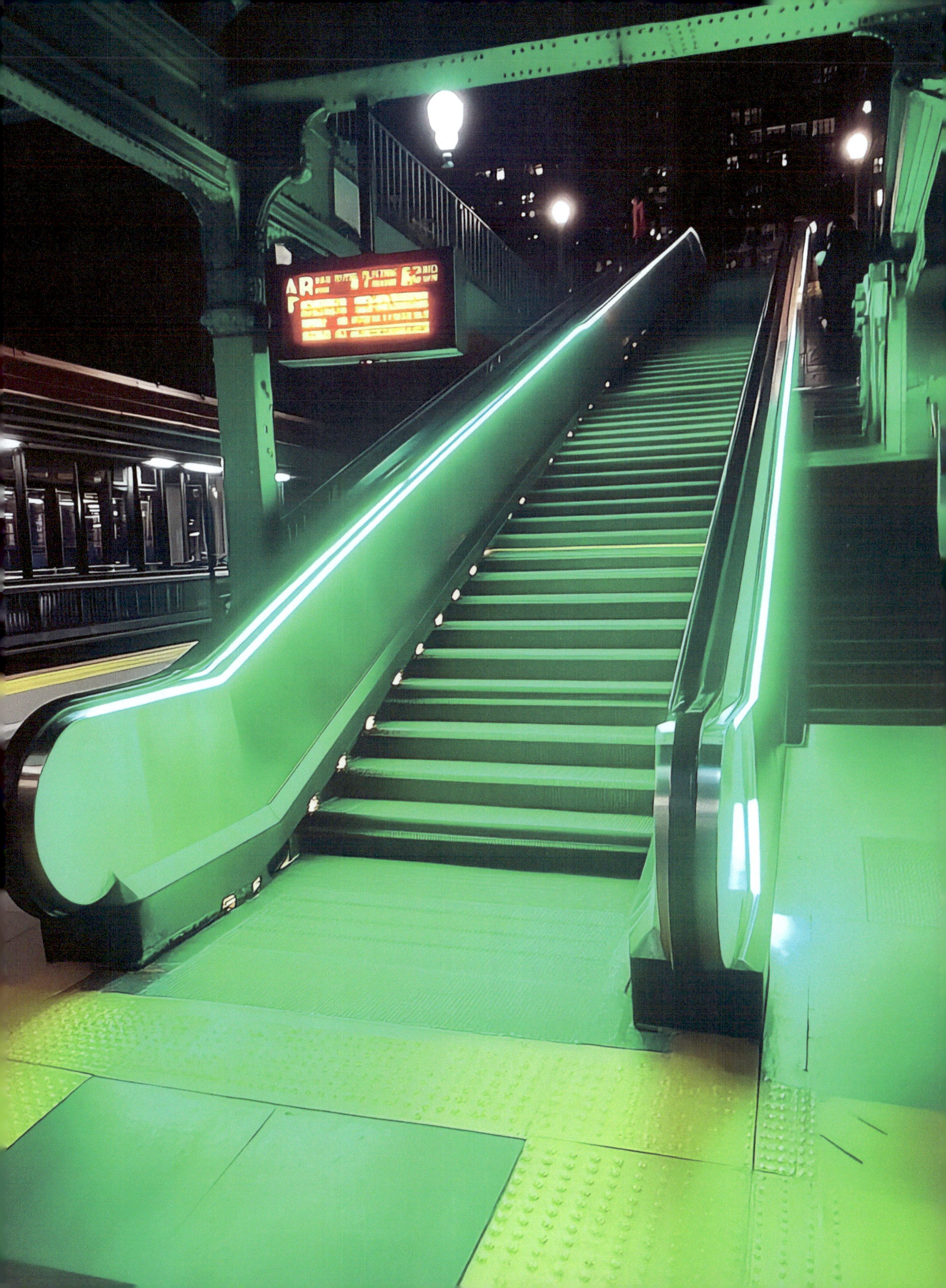

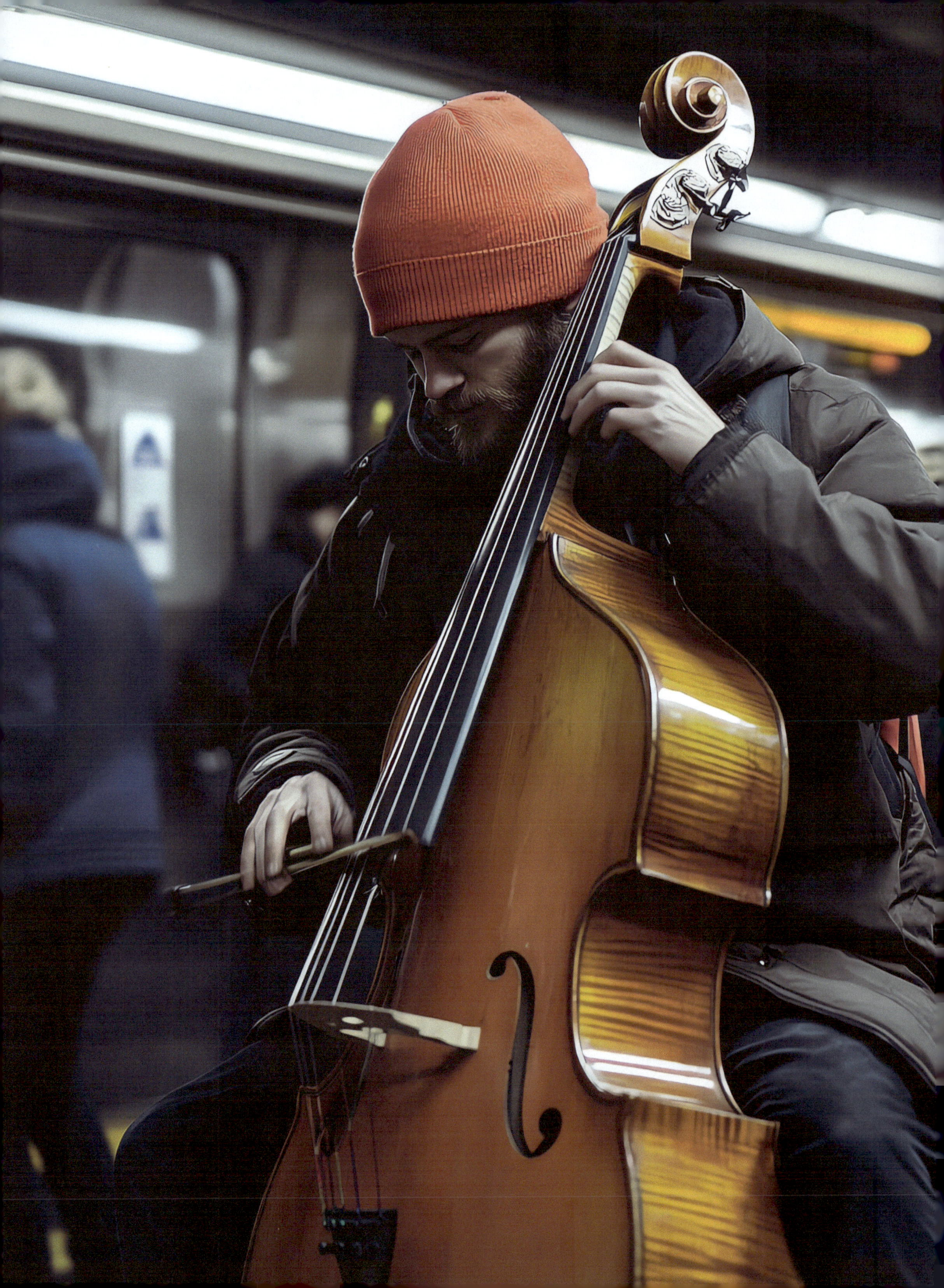

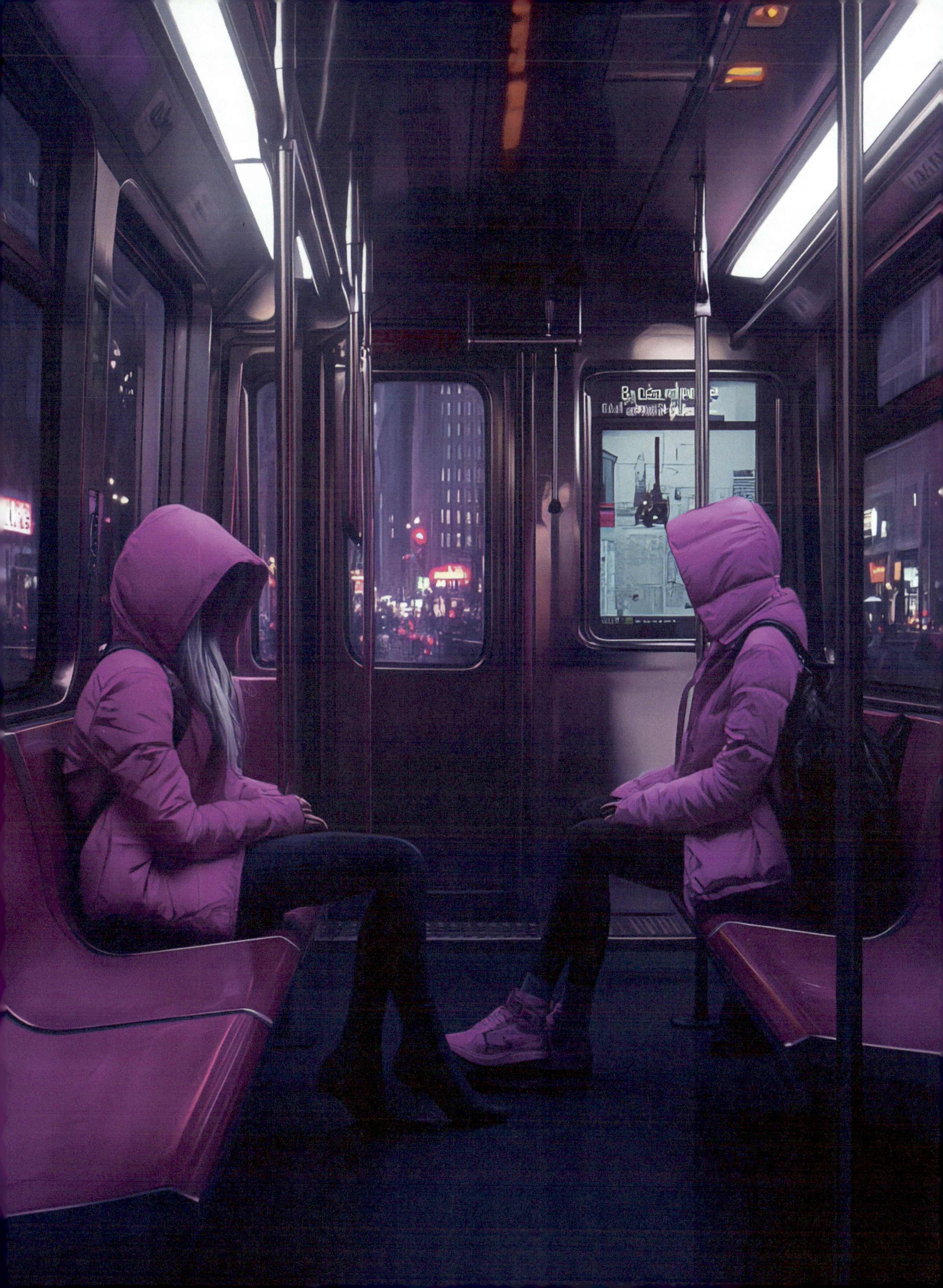

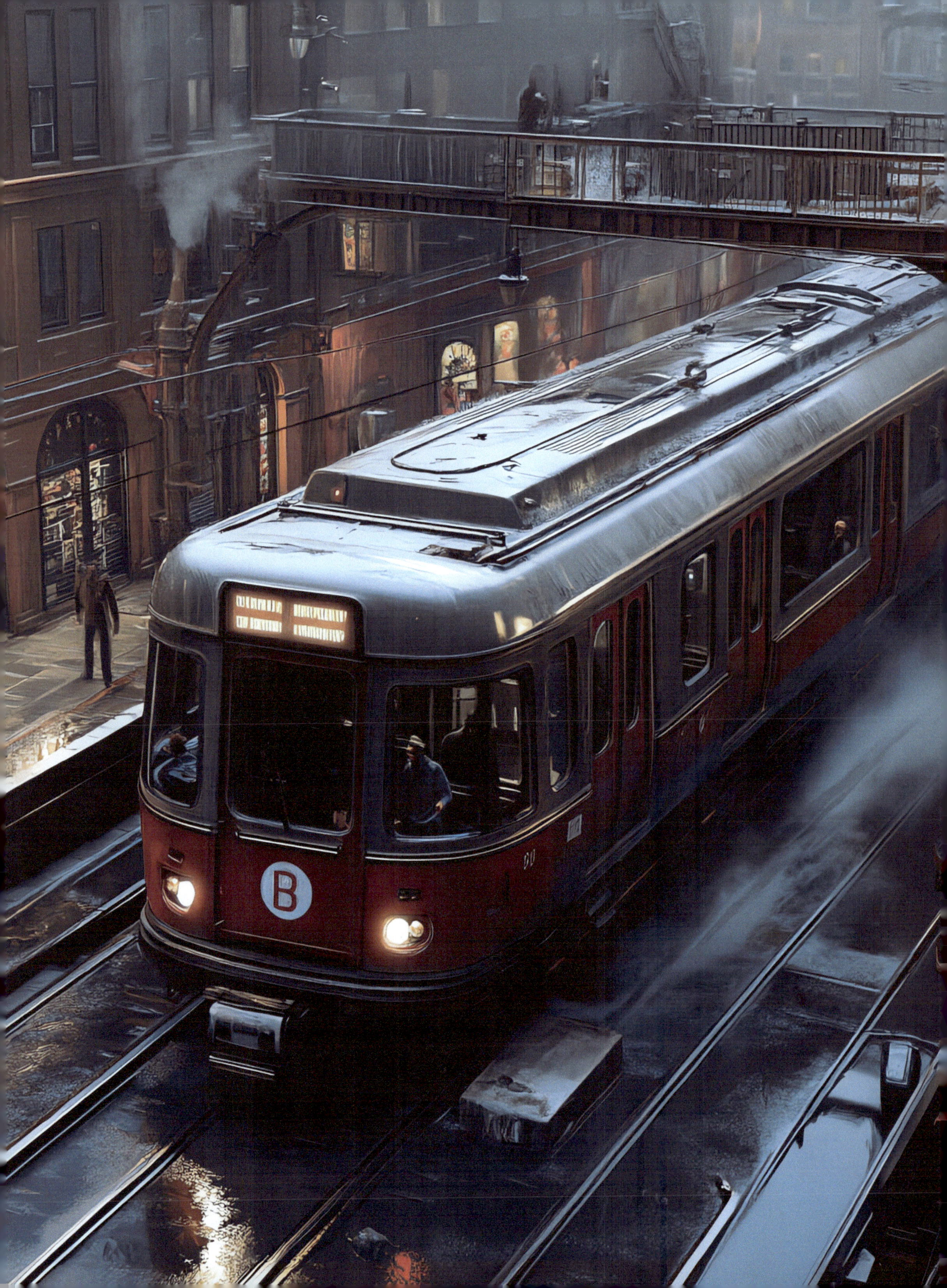

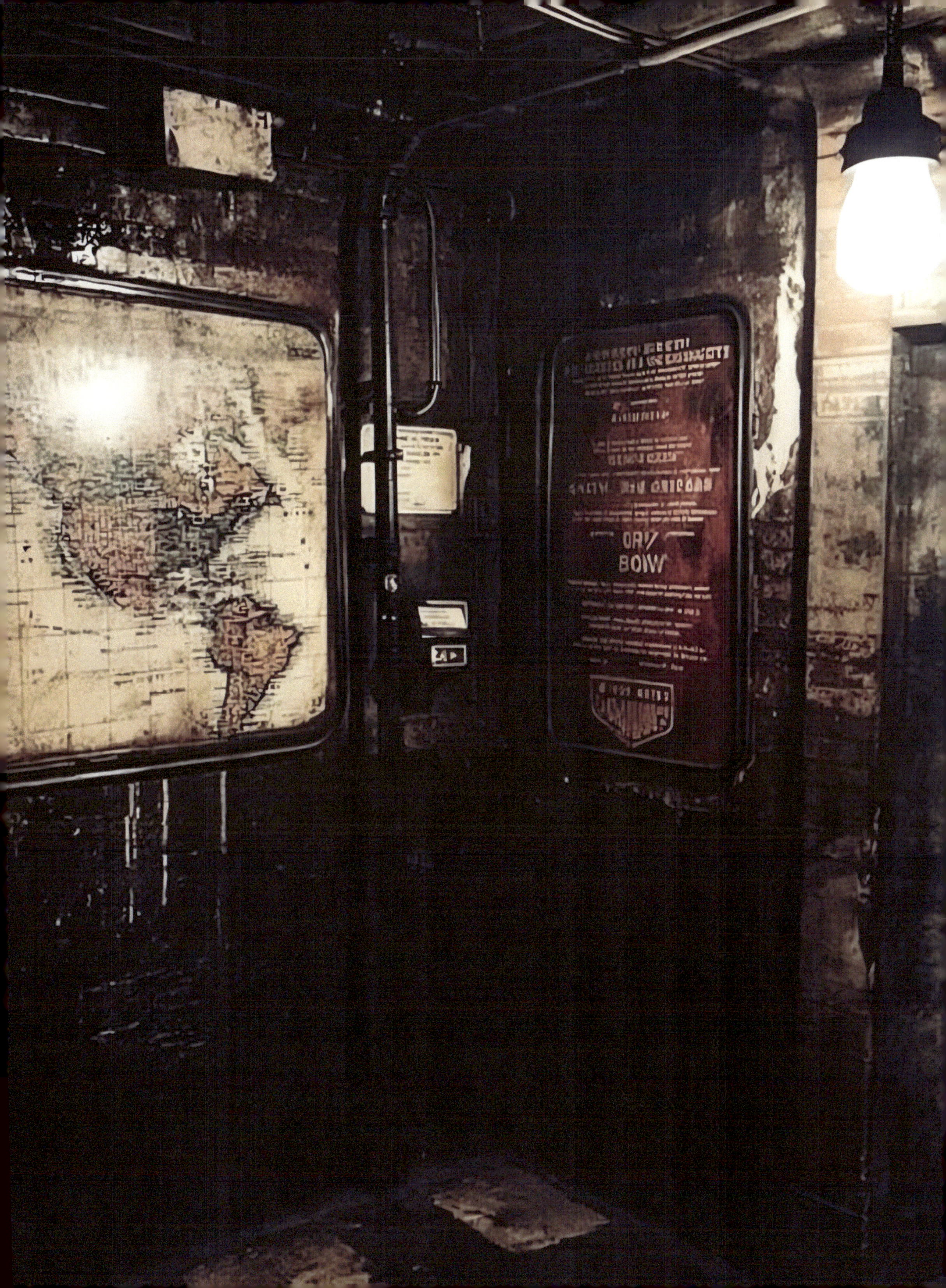

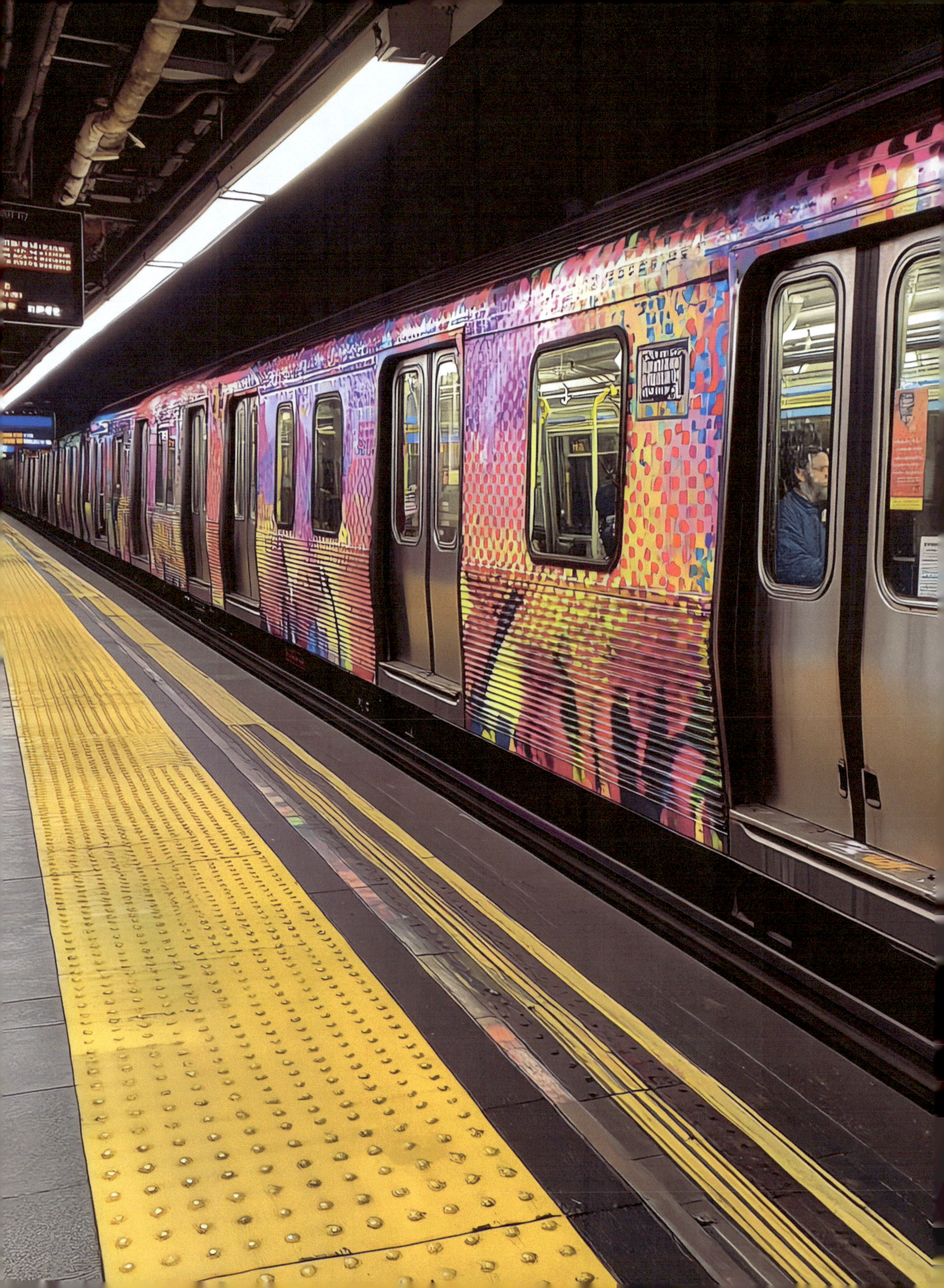

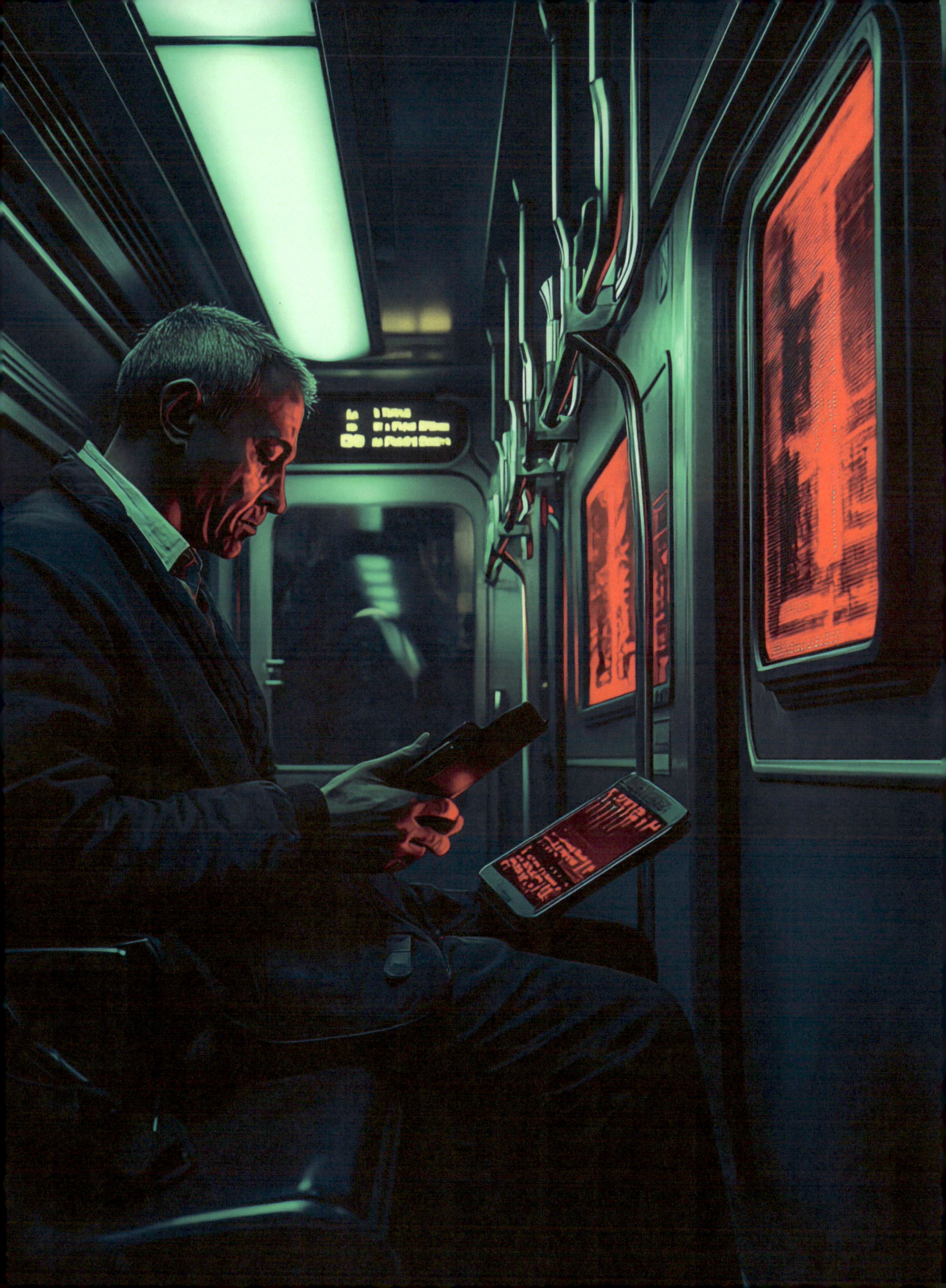

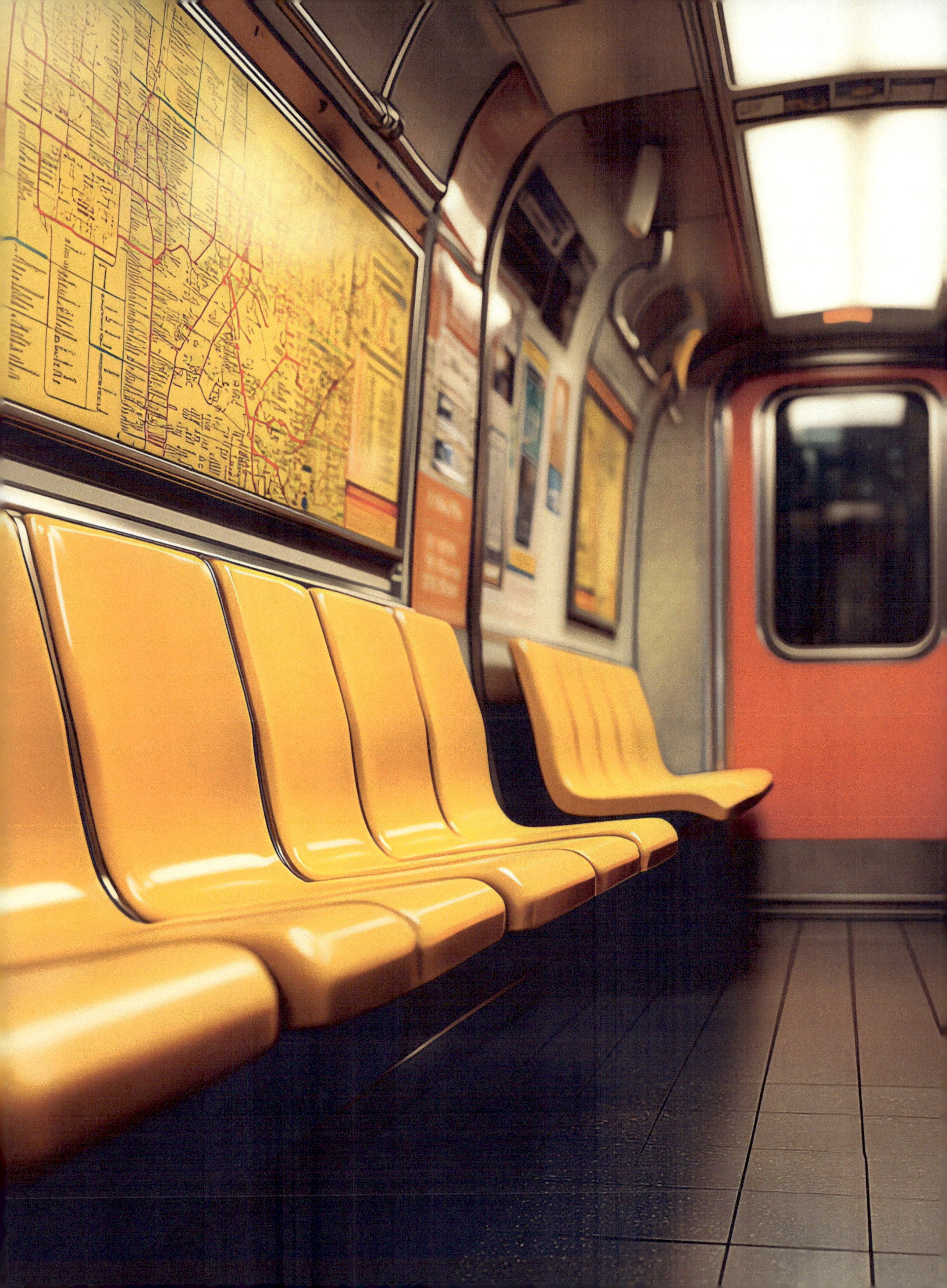

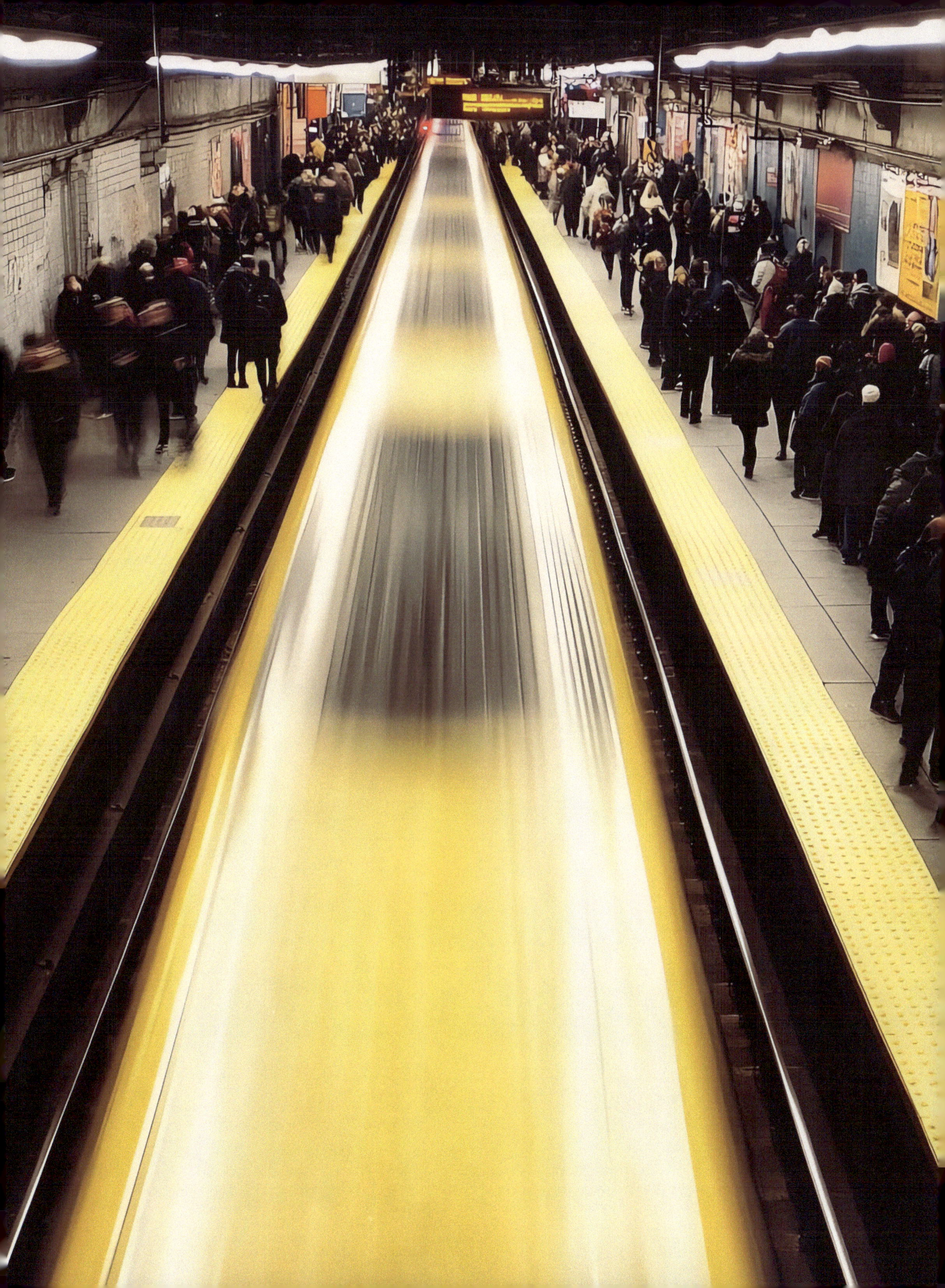

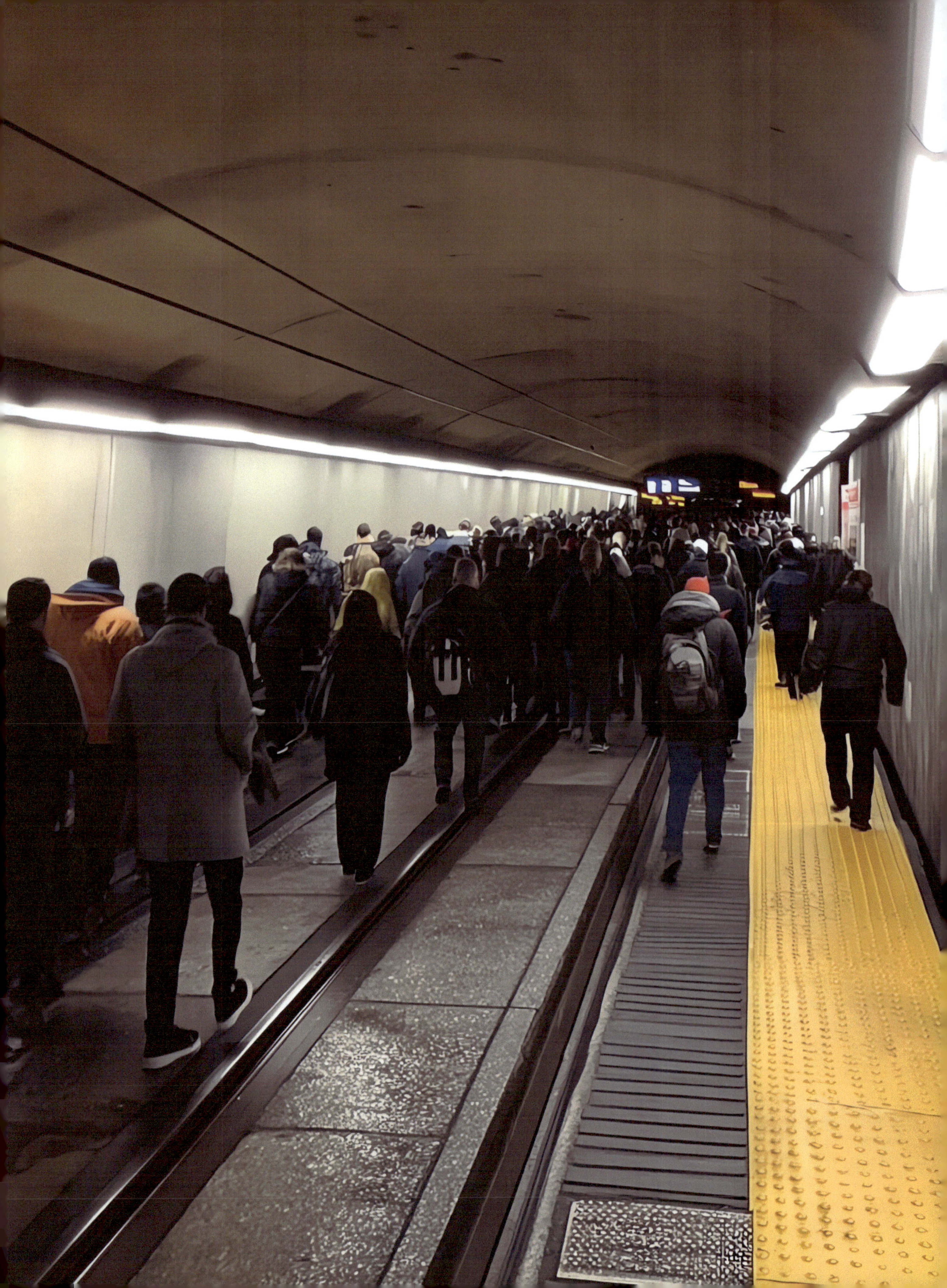

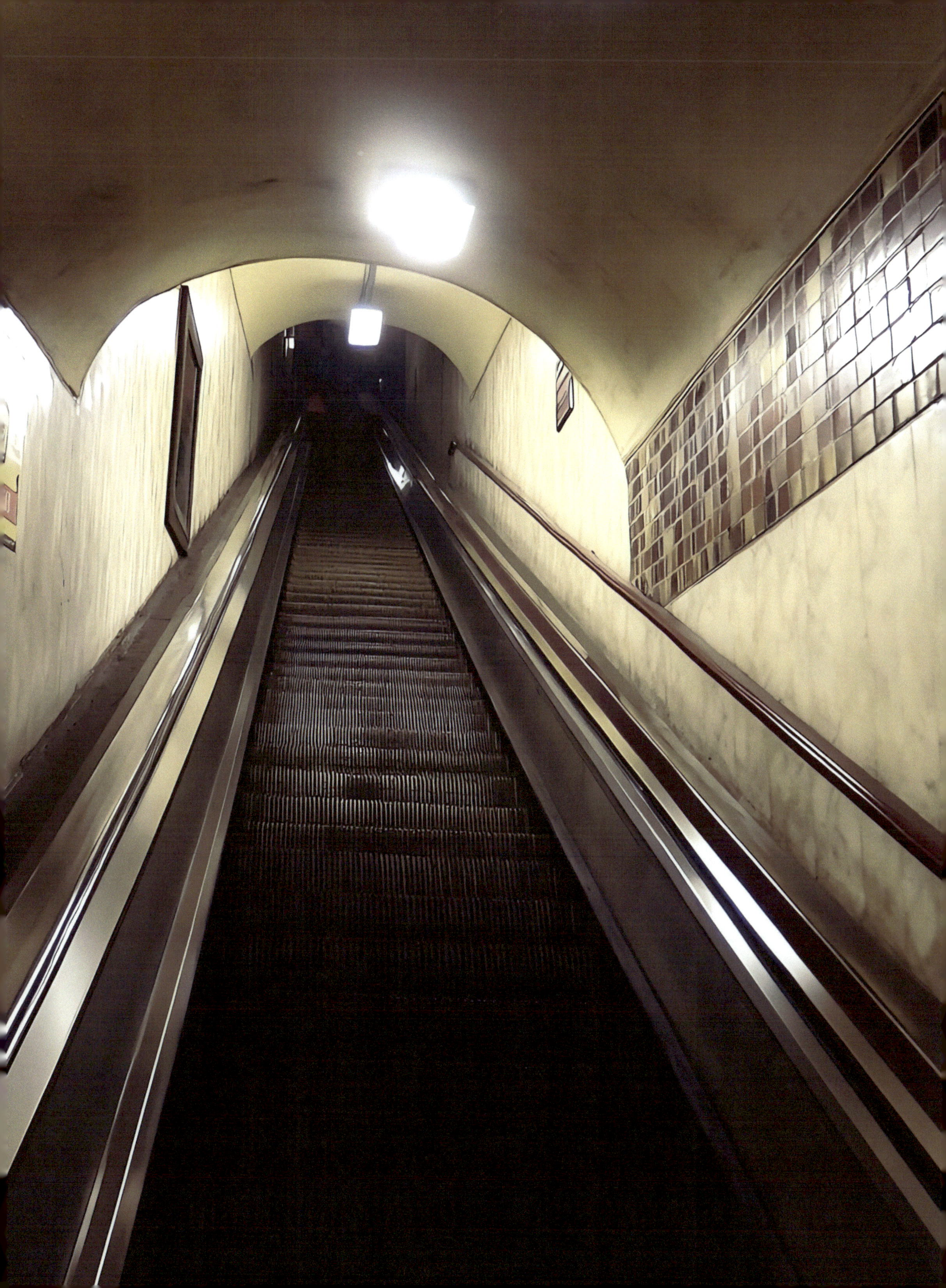

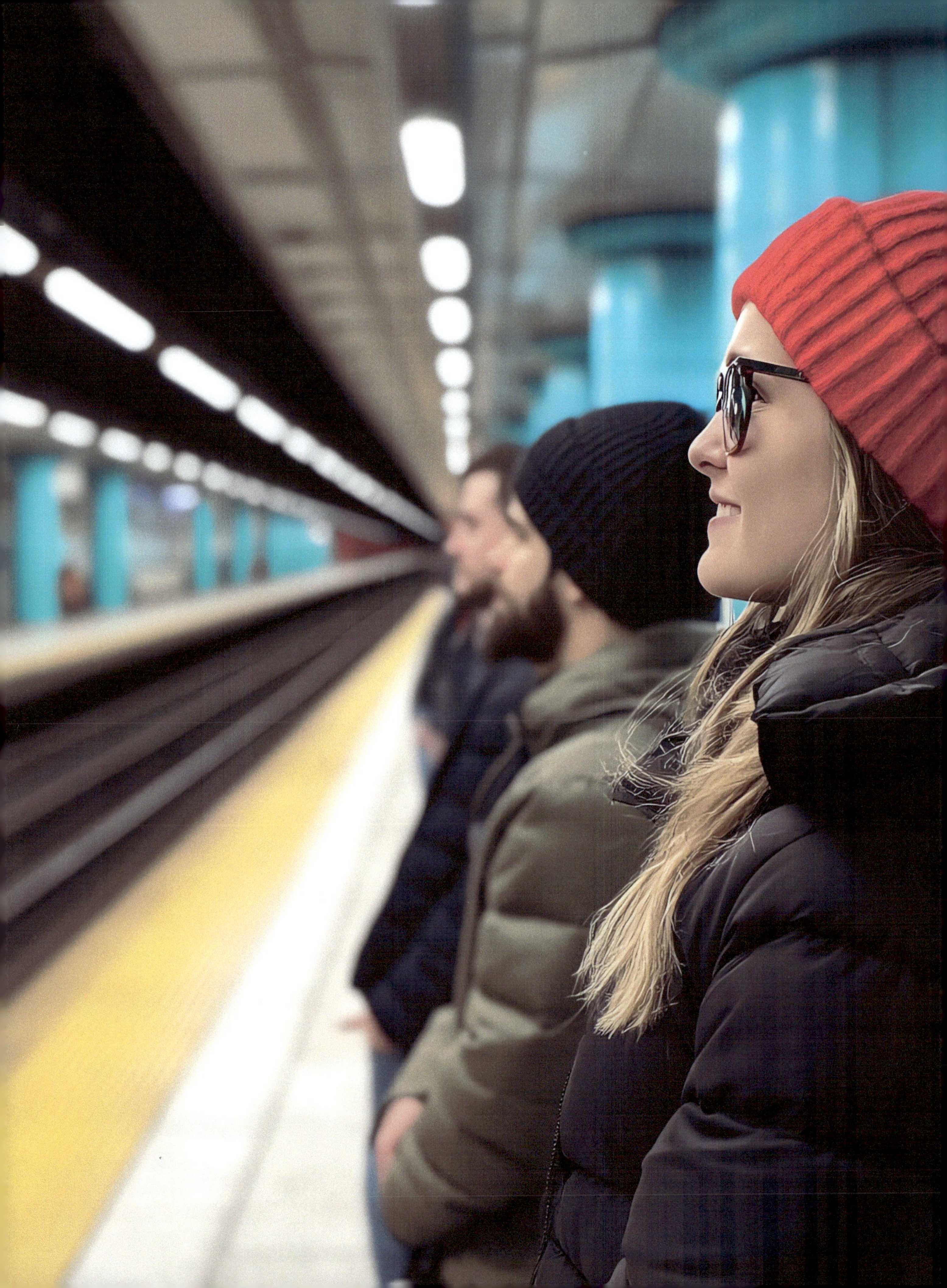

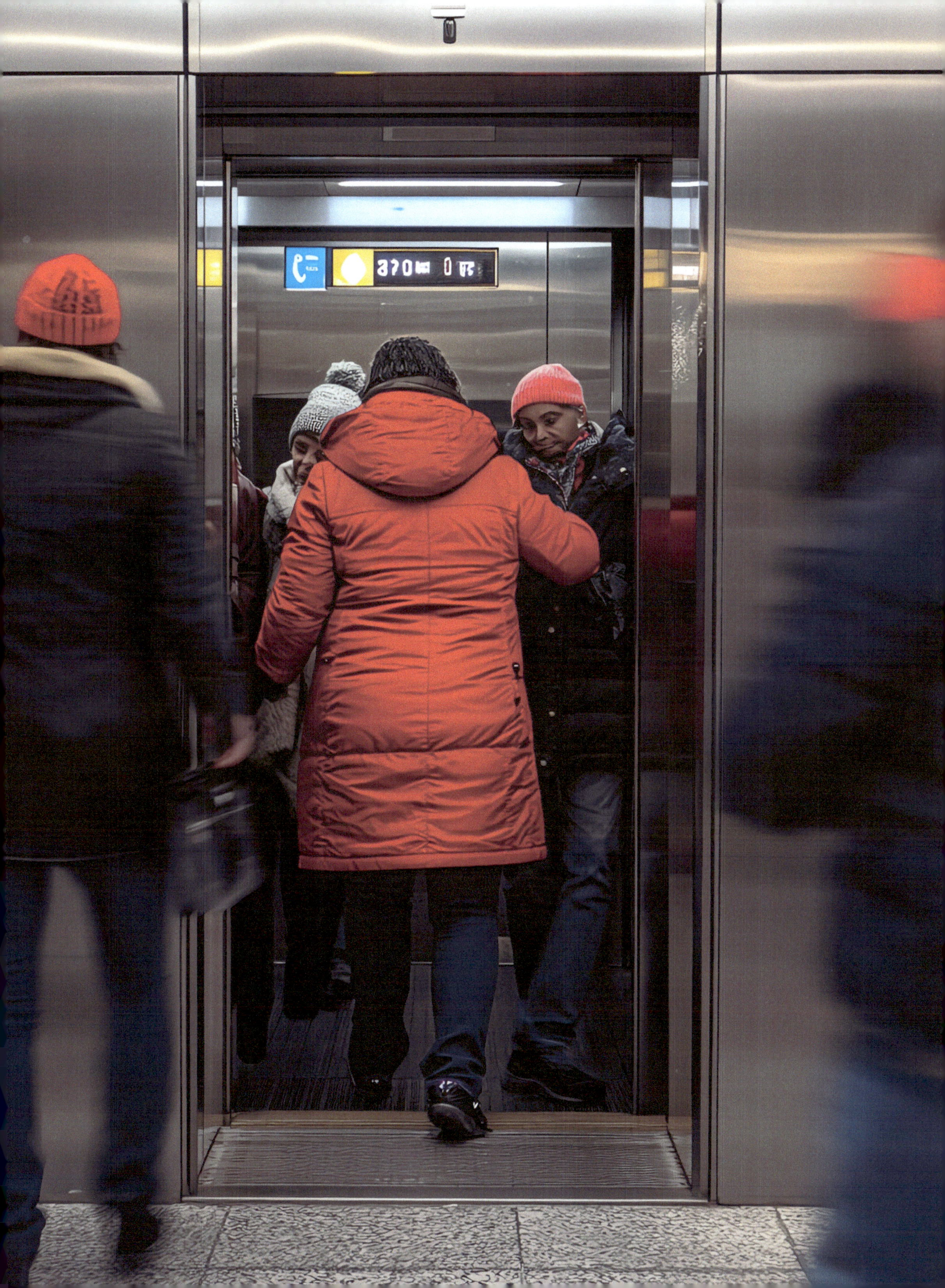

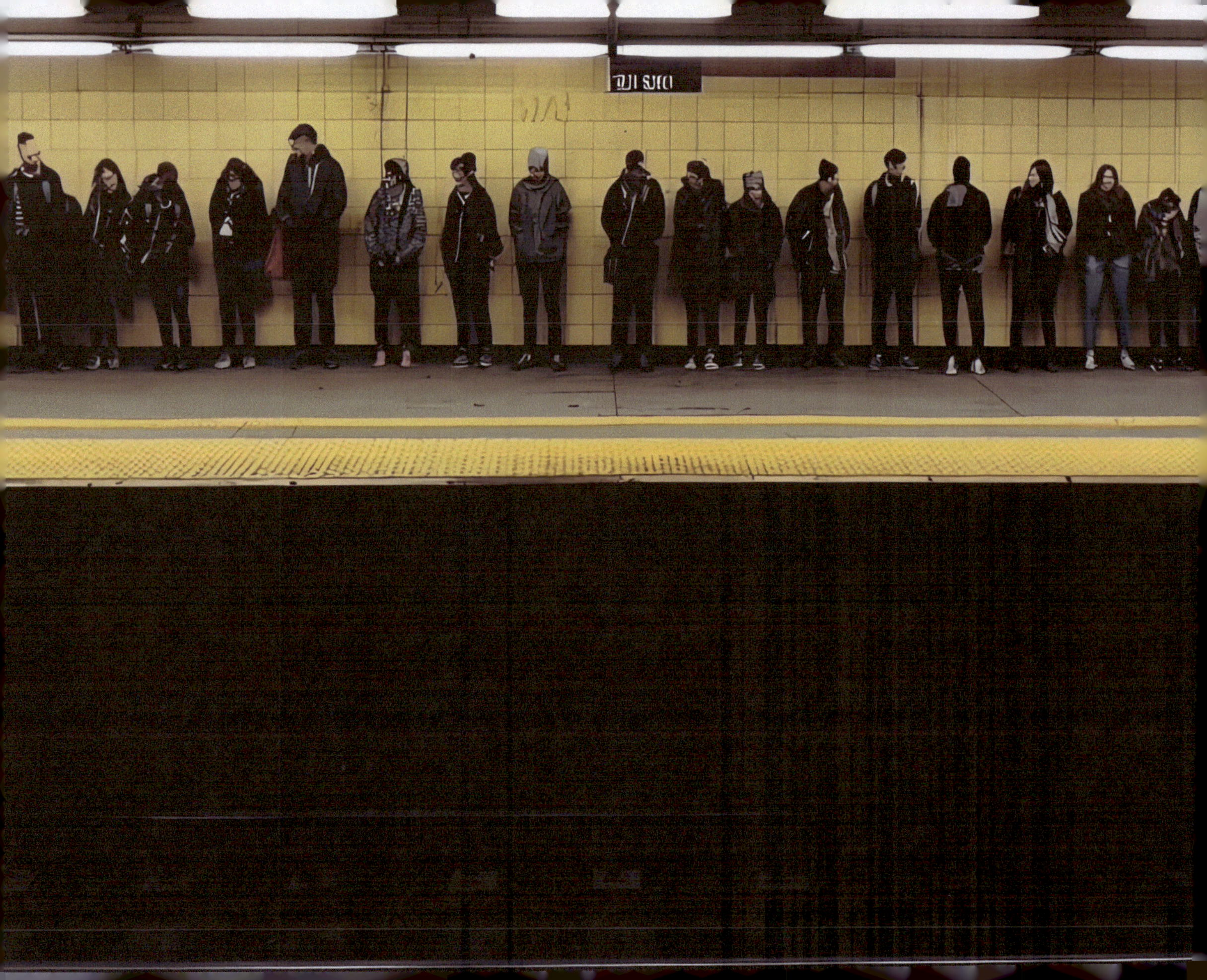

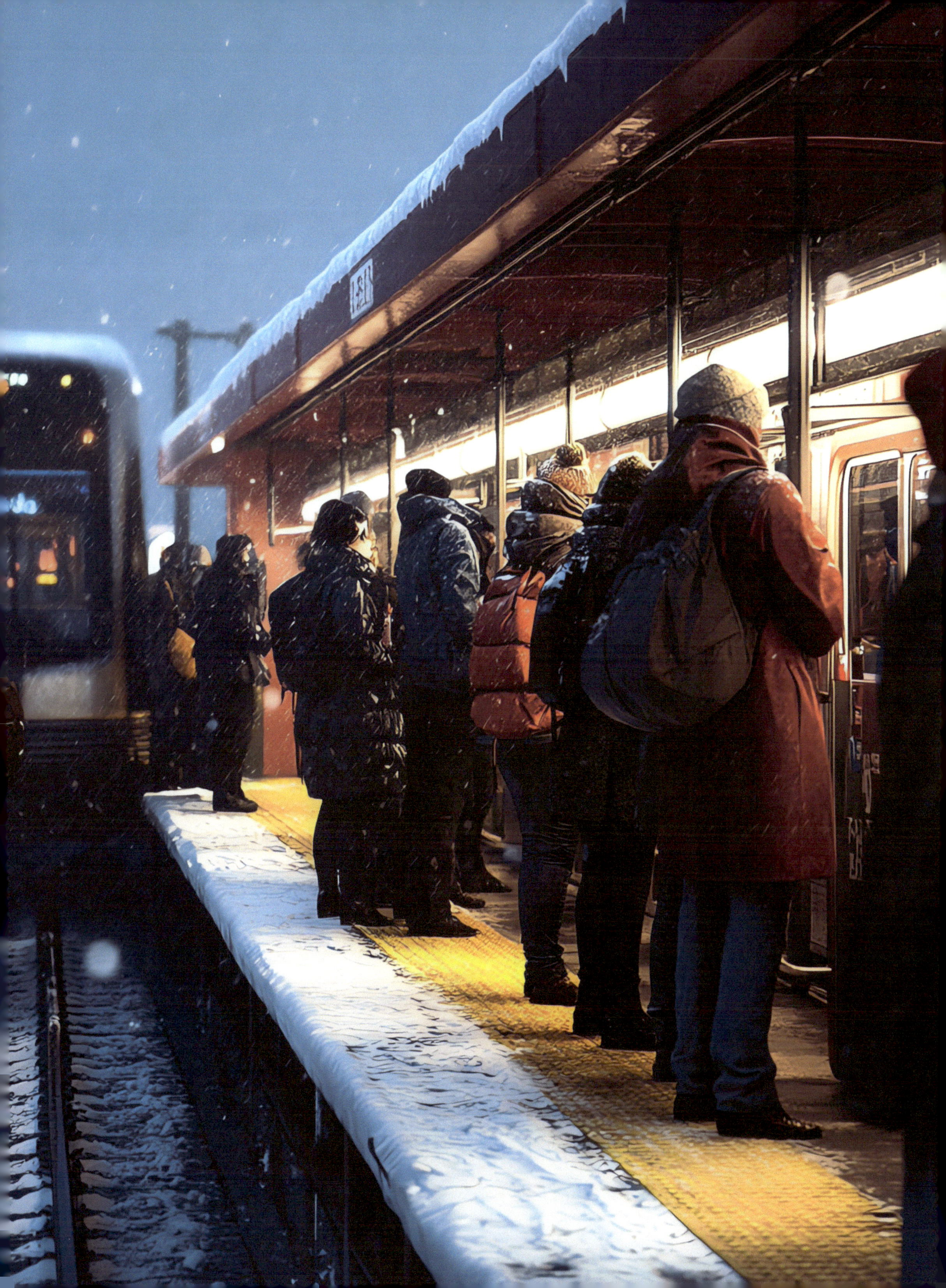

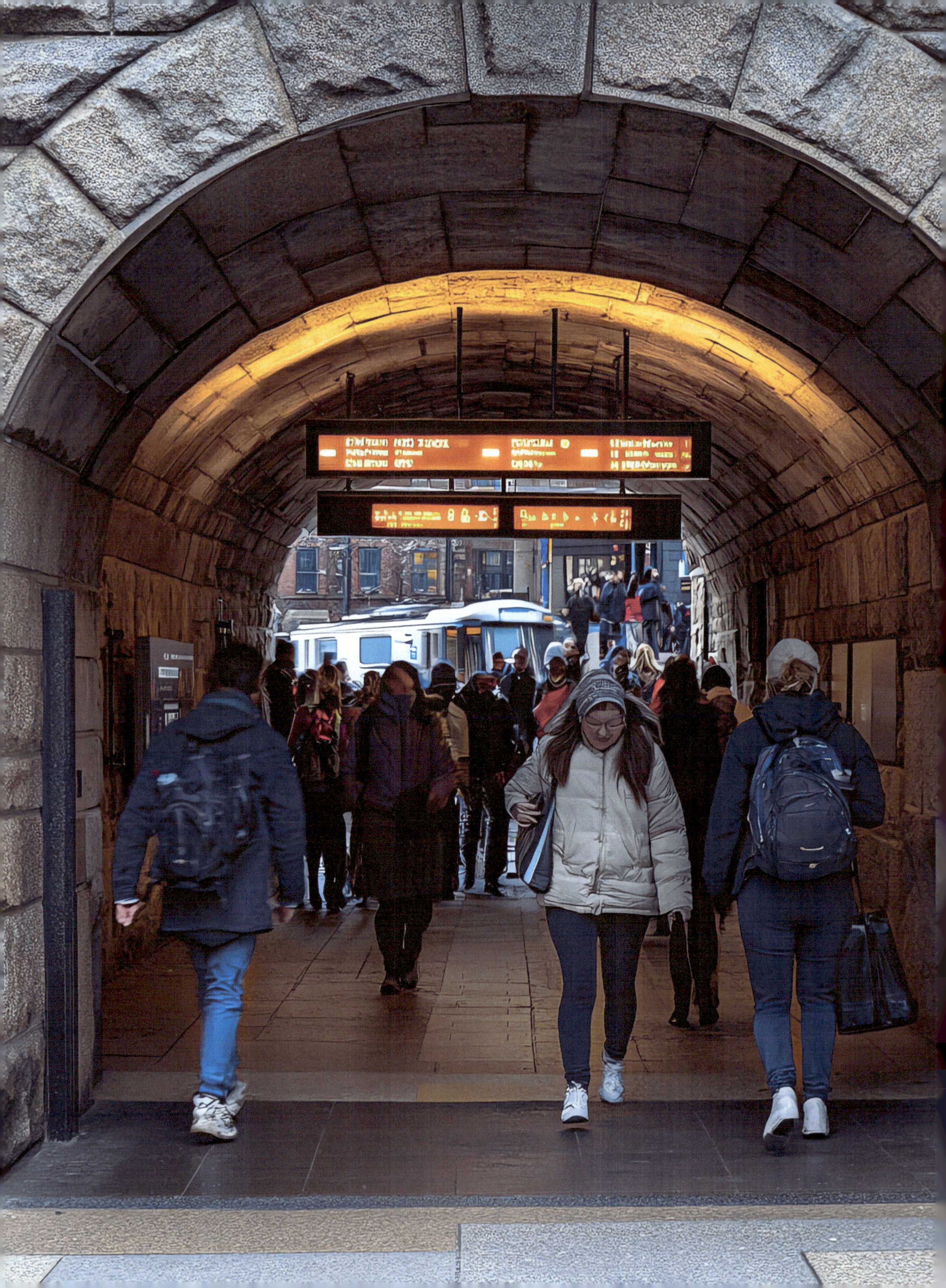

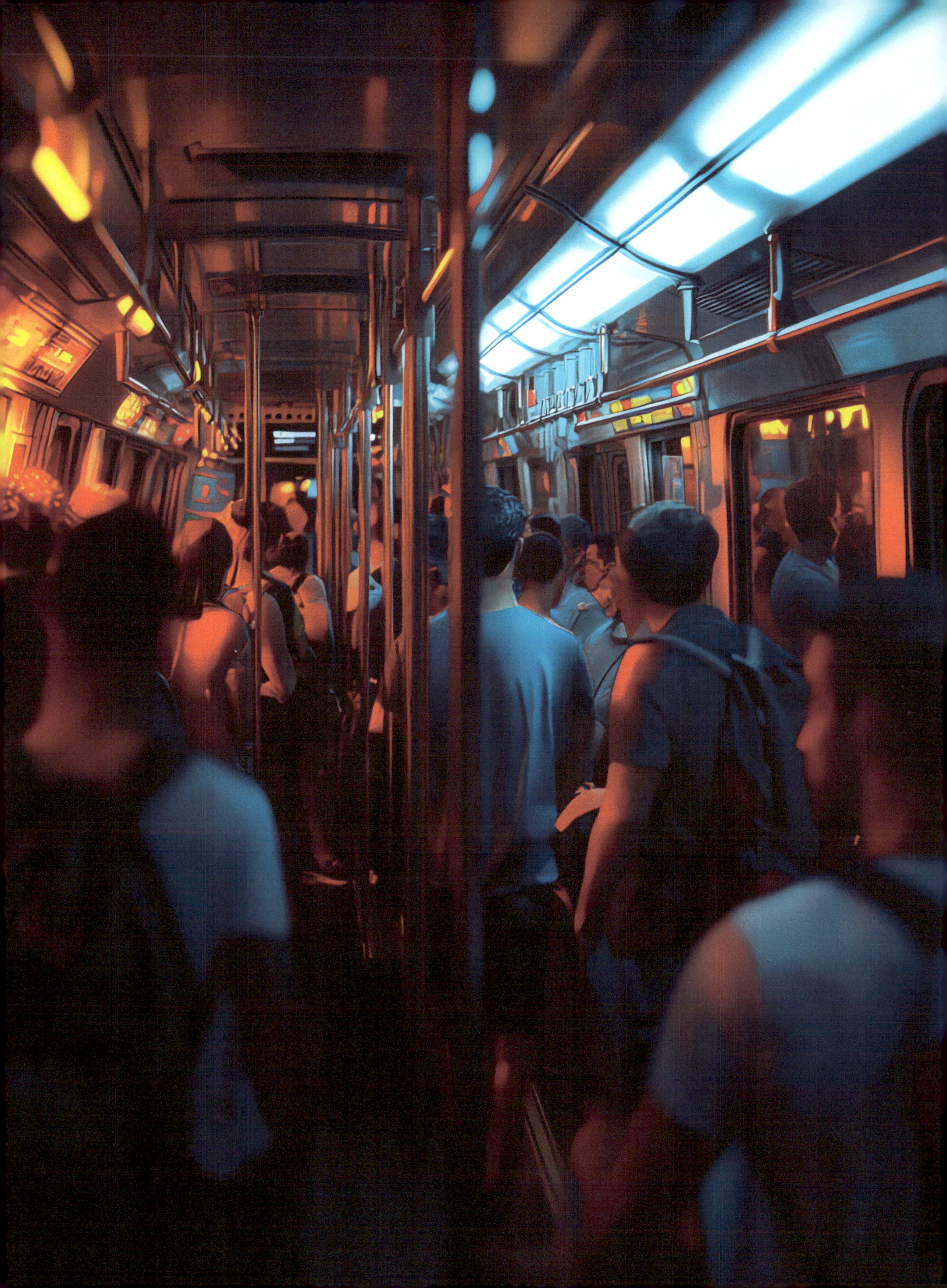

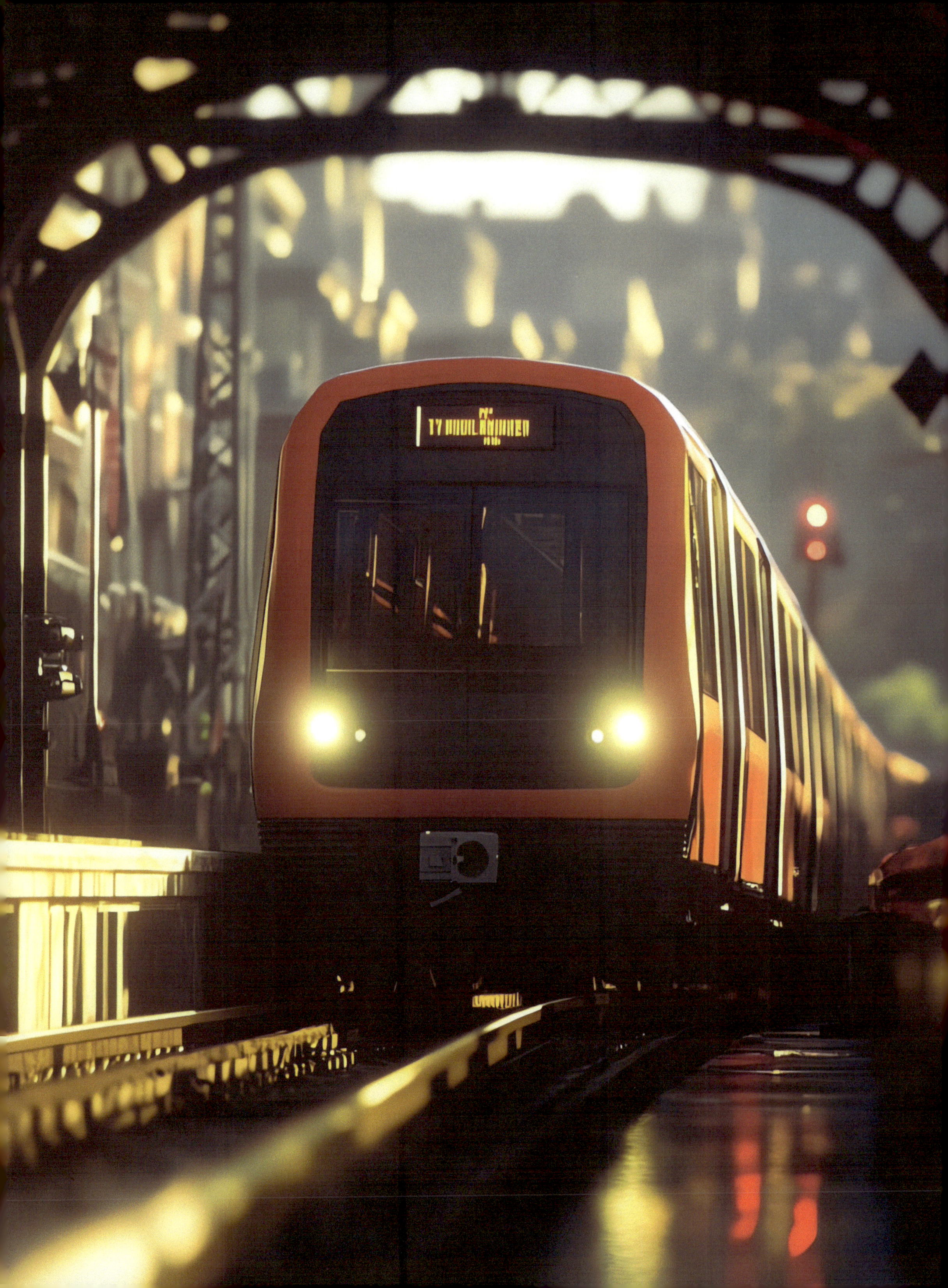

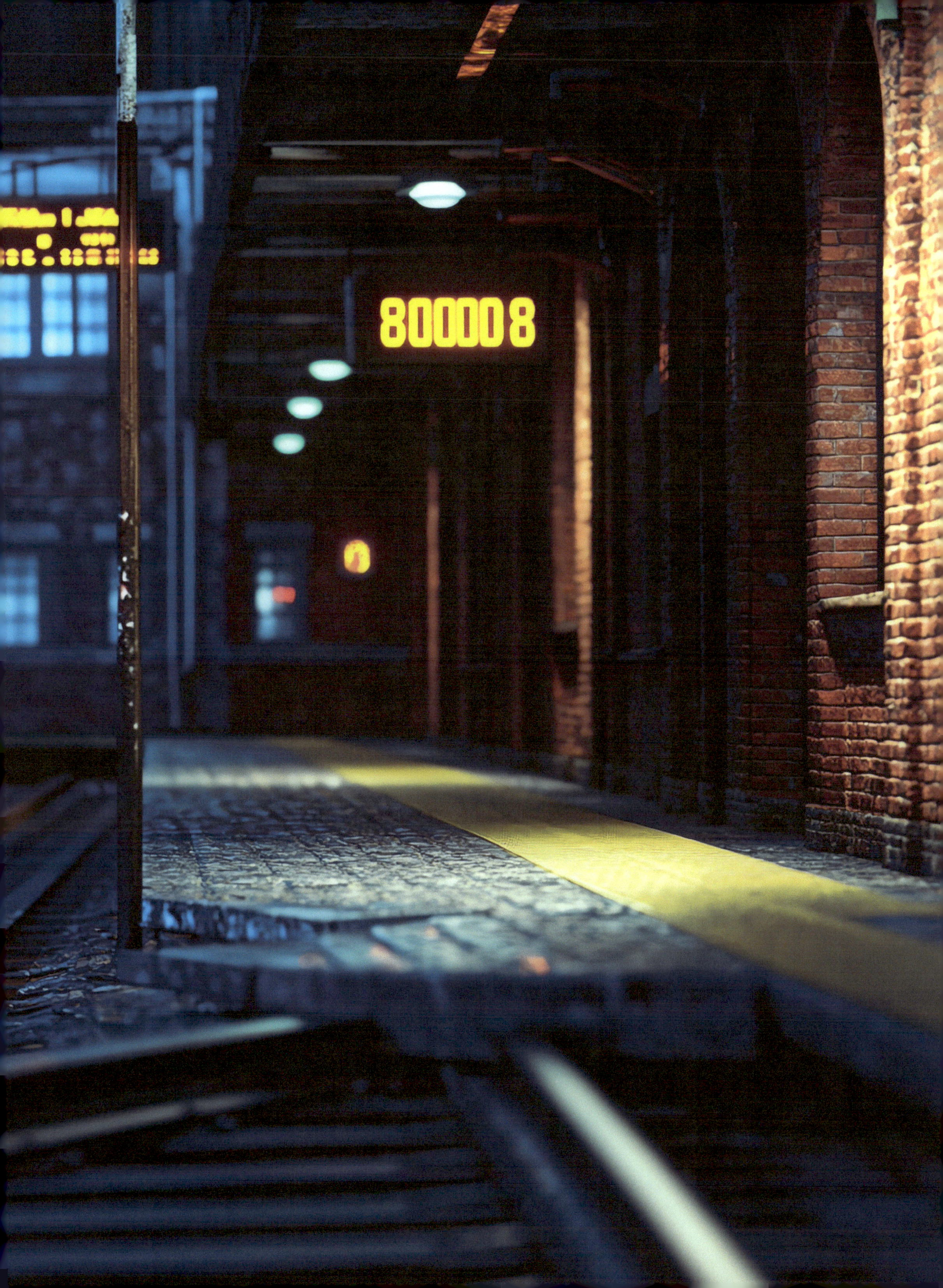
800008

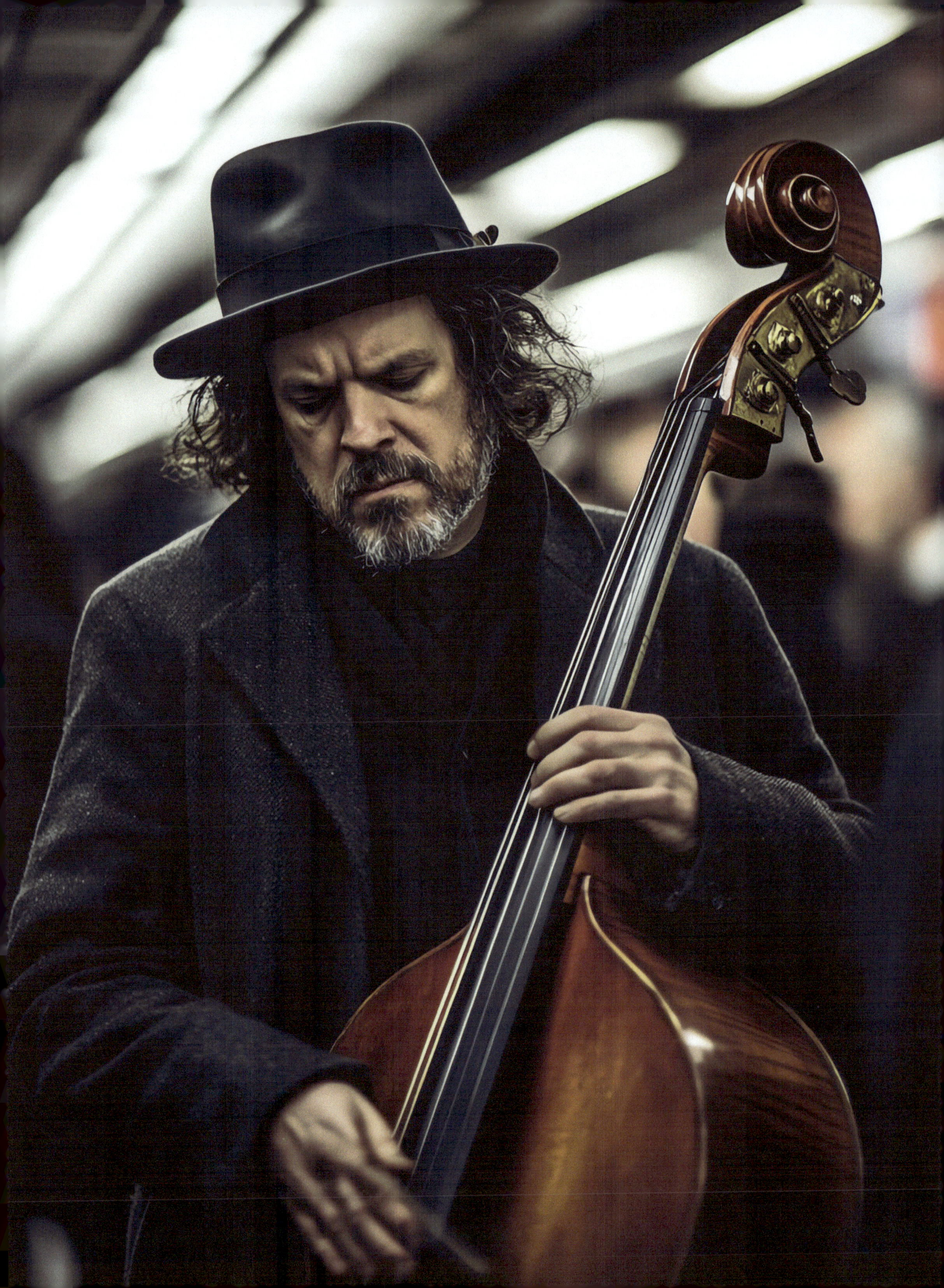

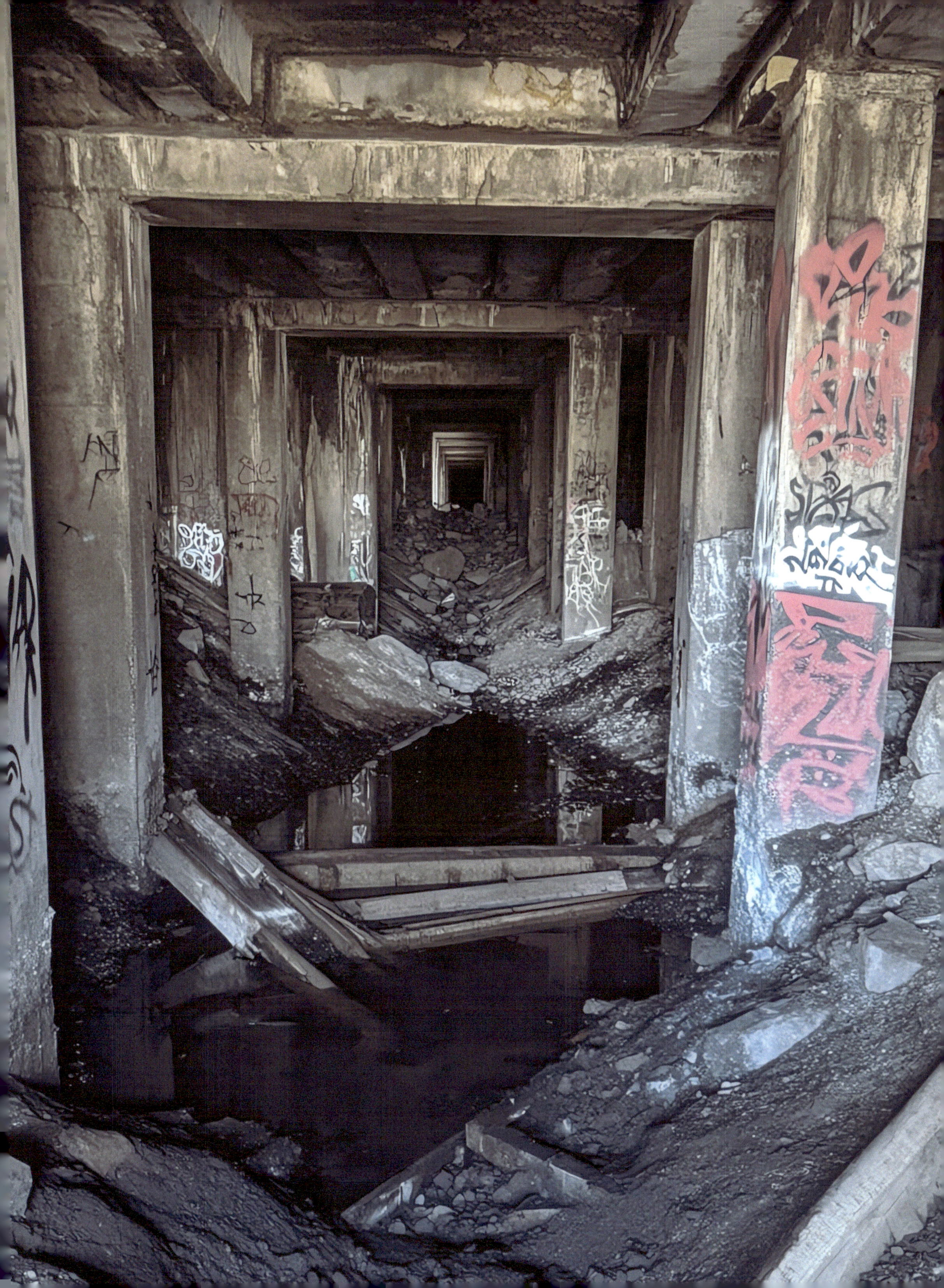

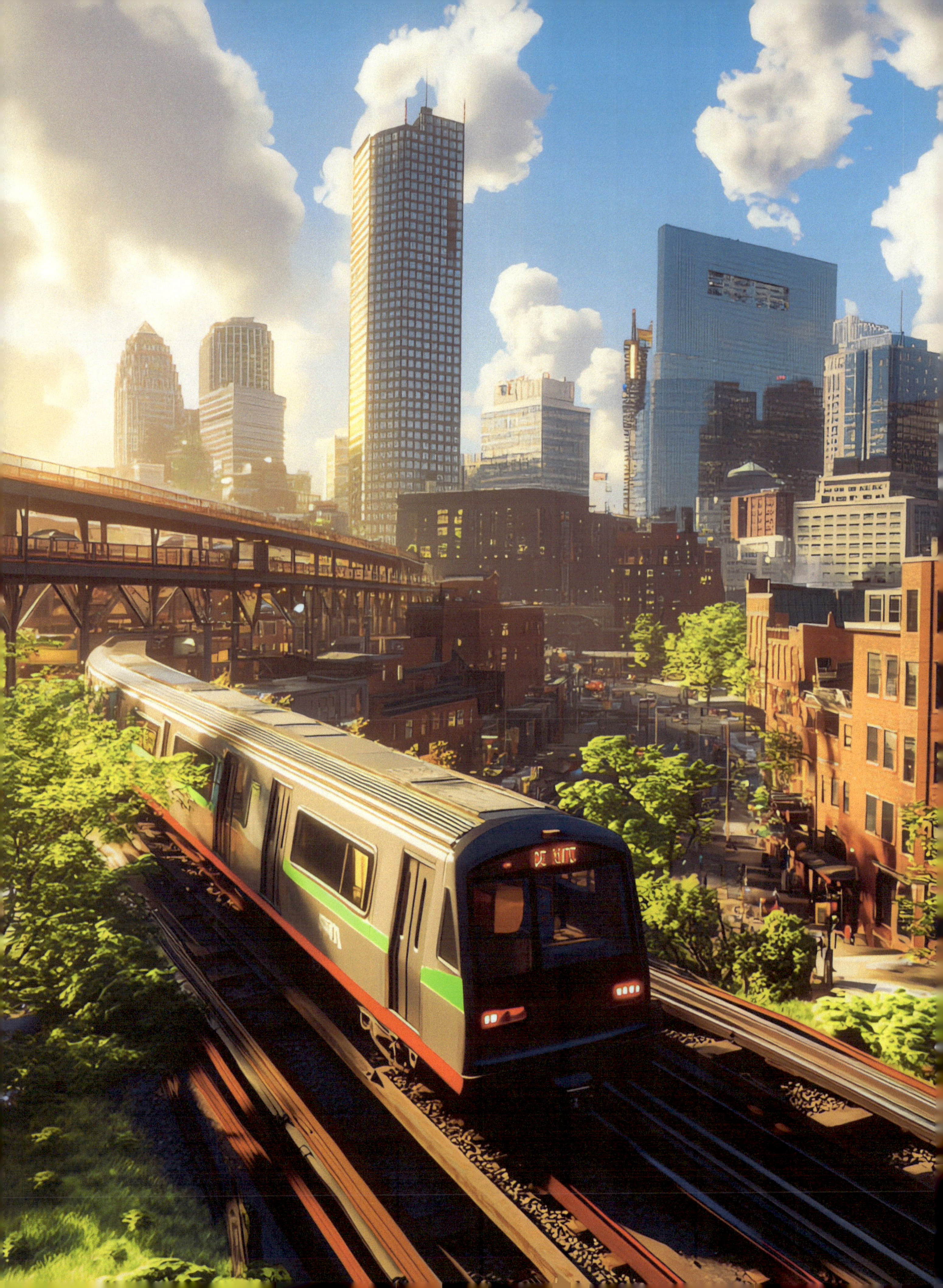

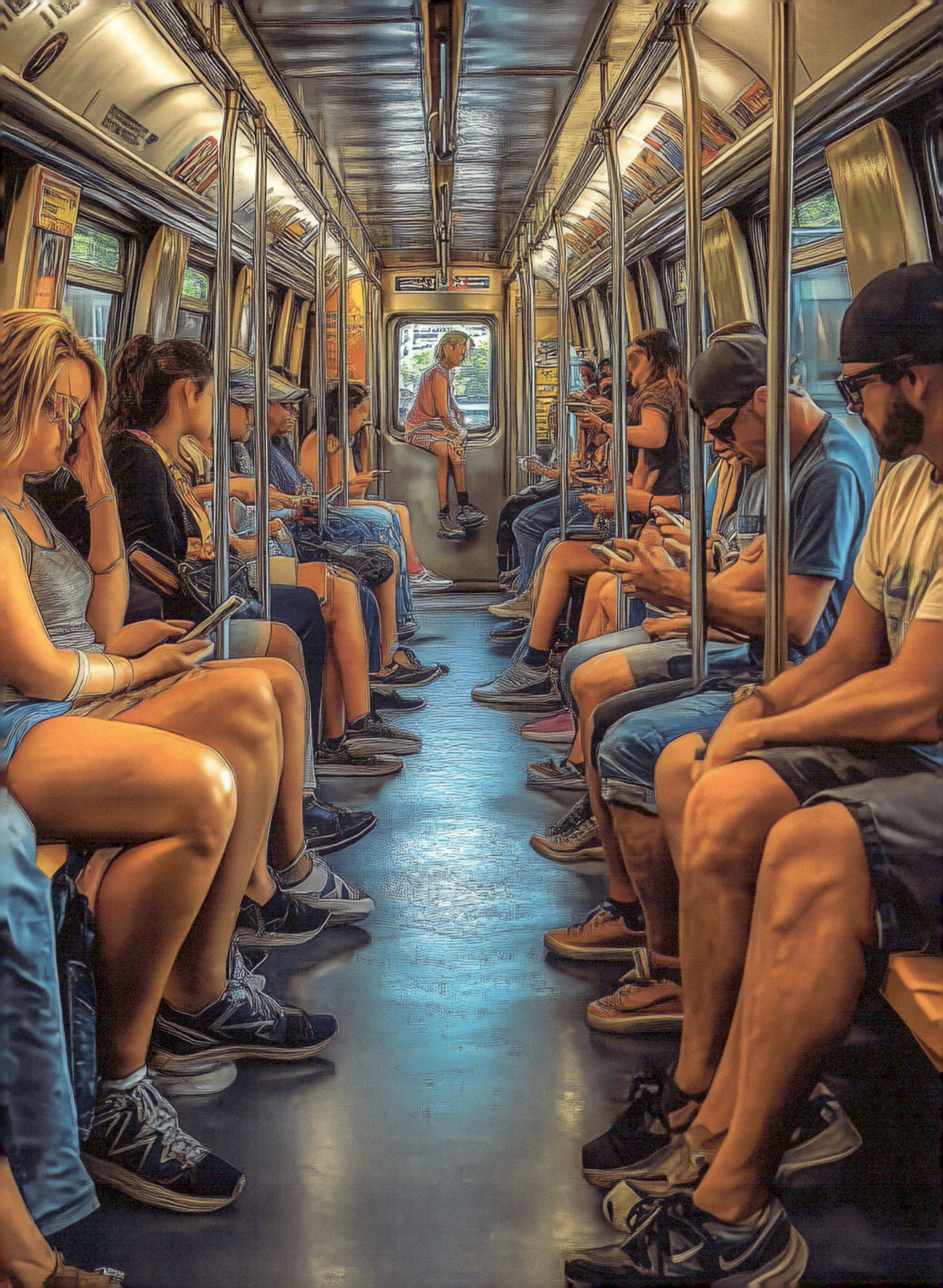

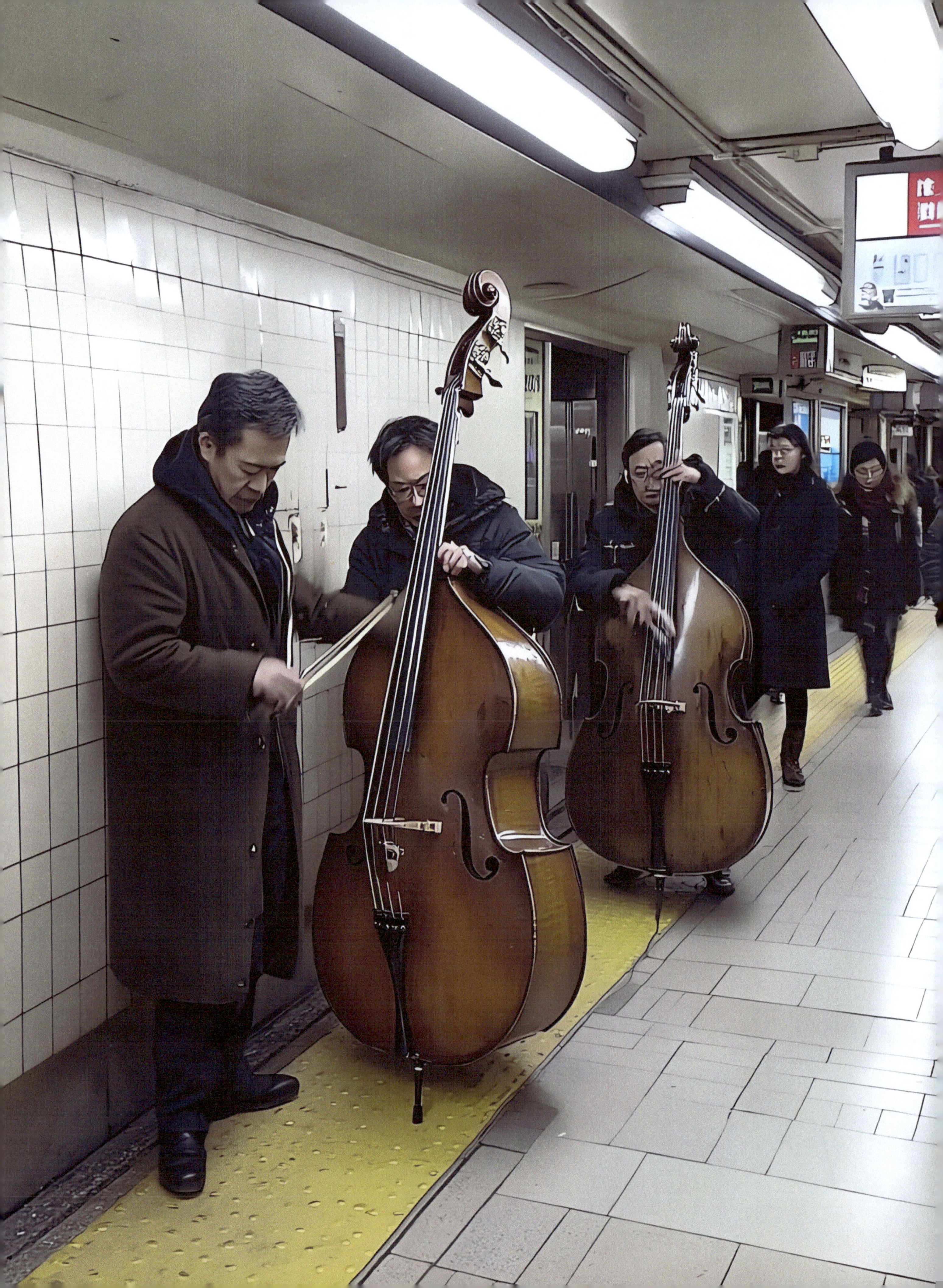

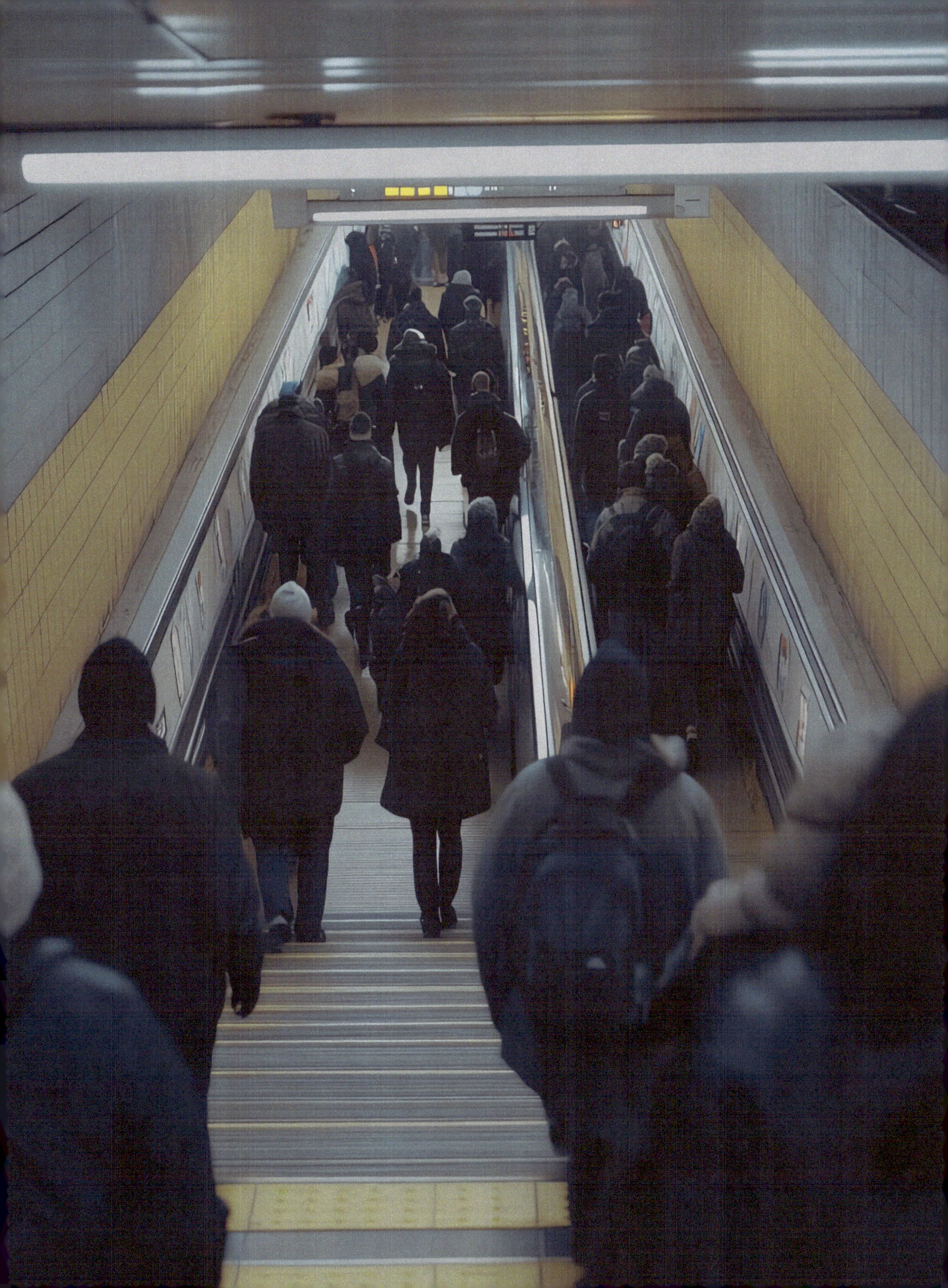

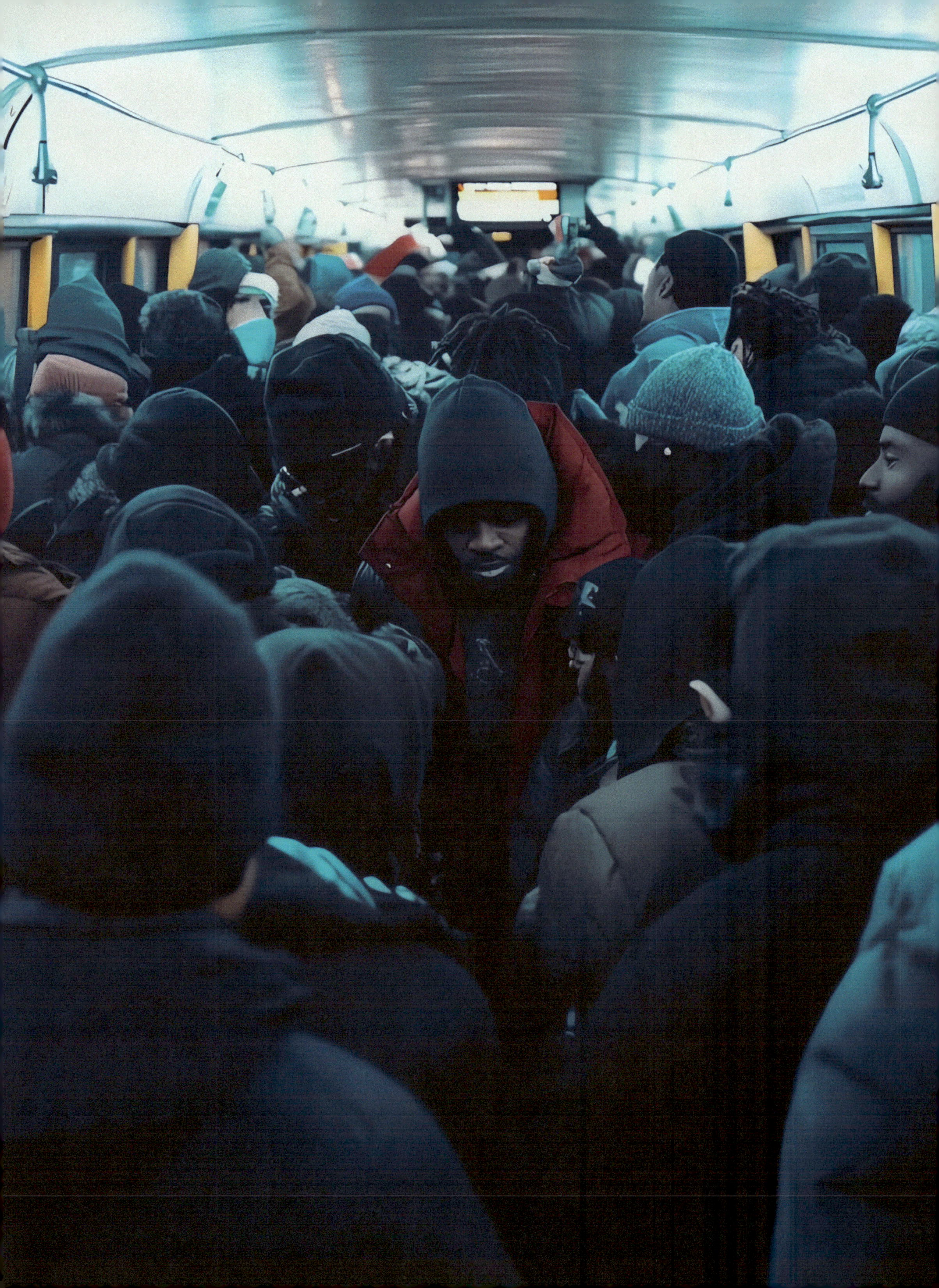

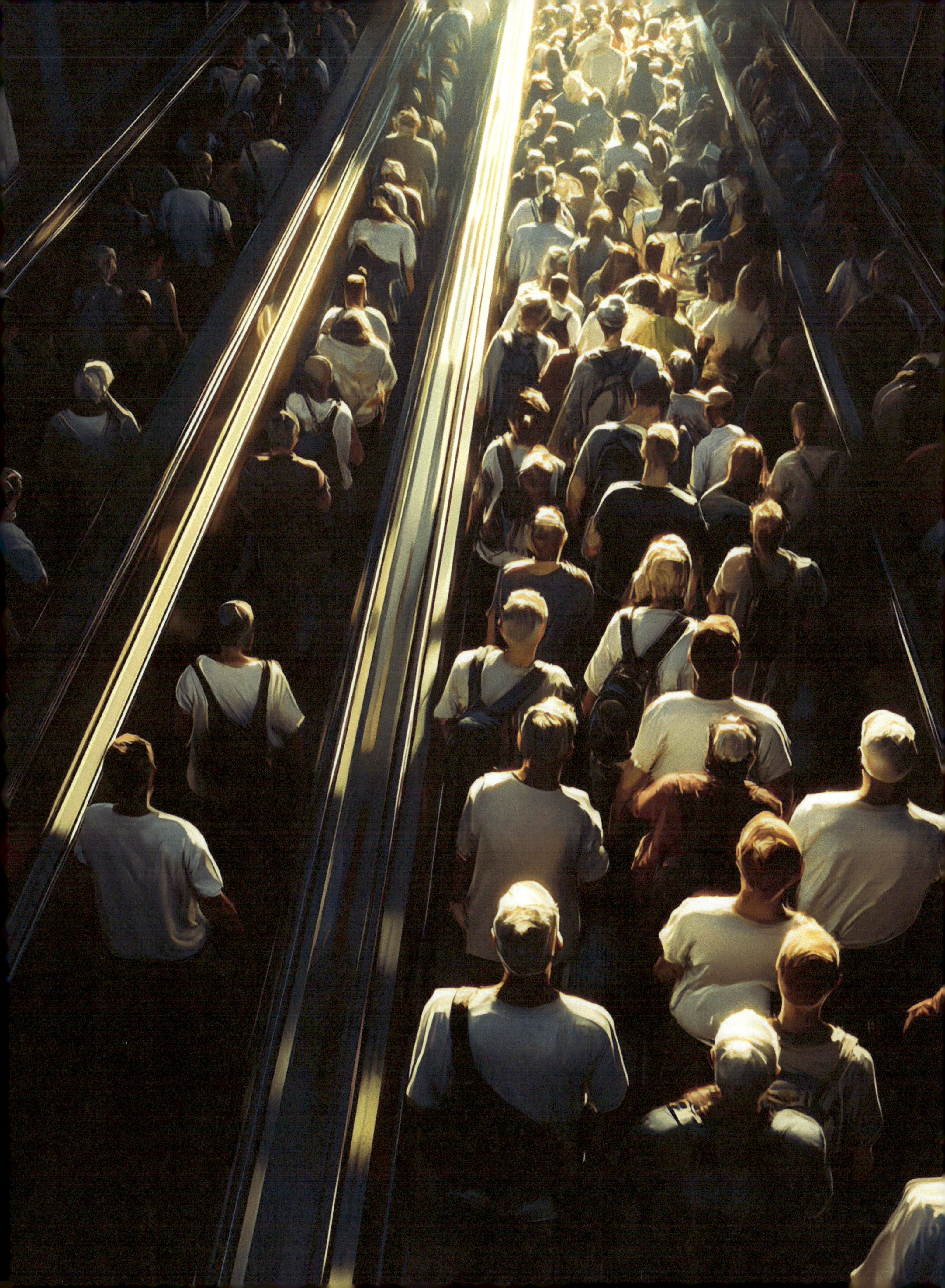

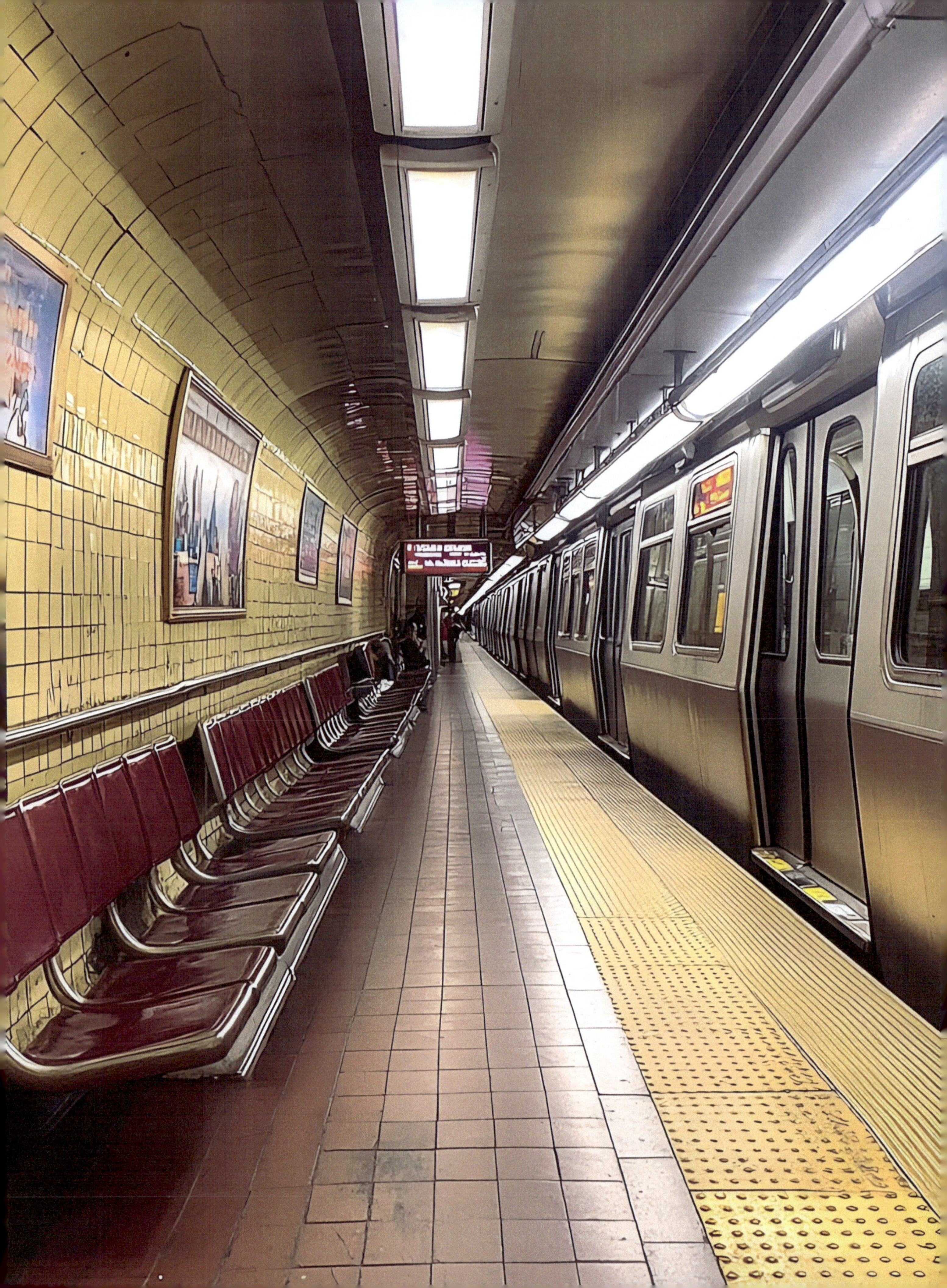

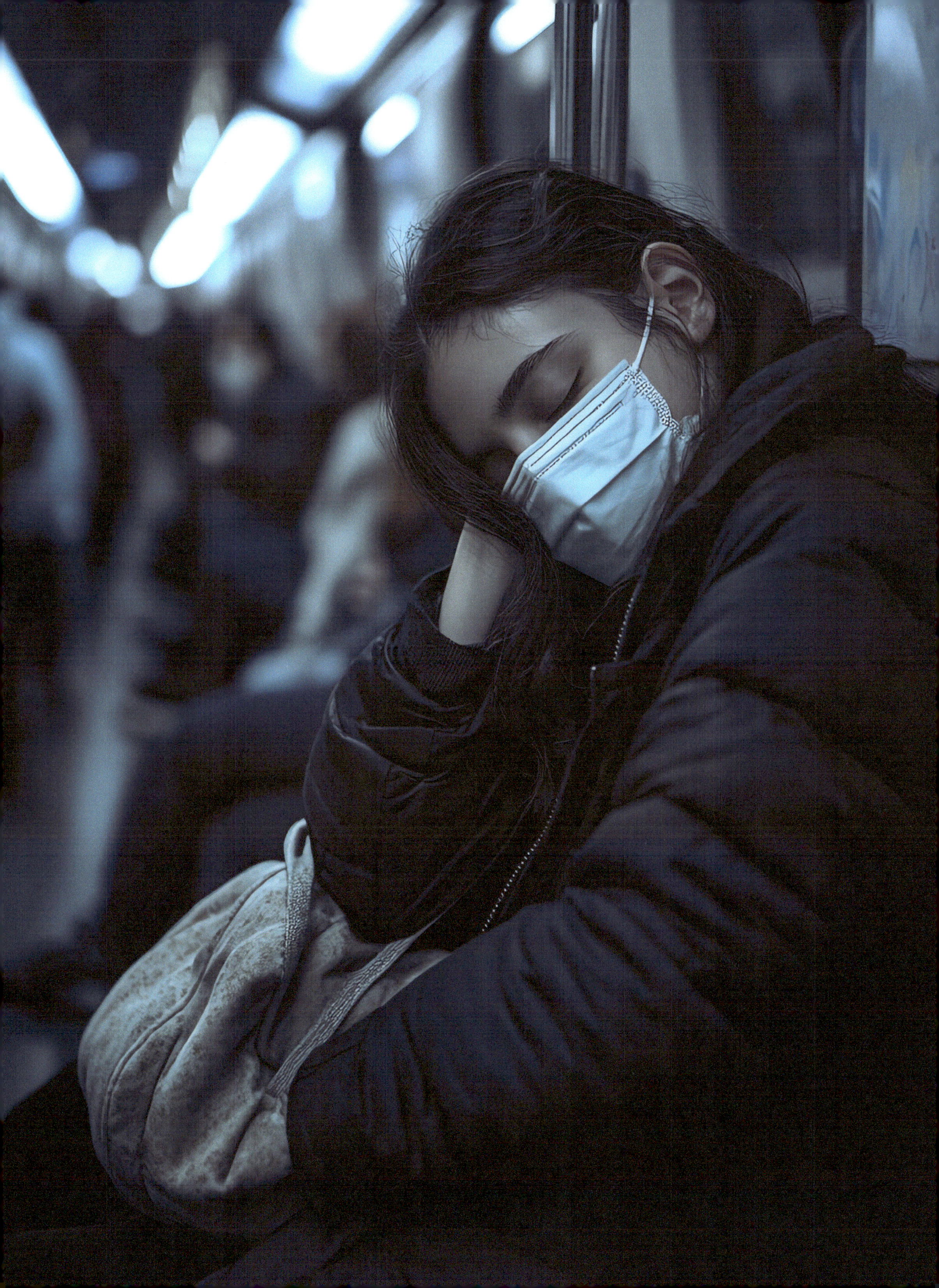

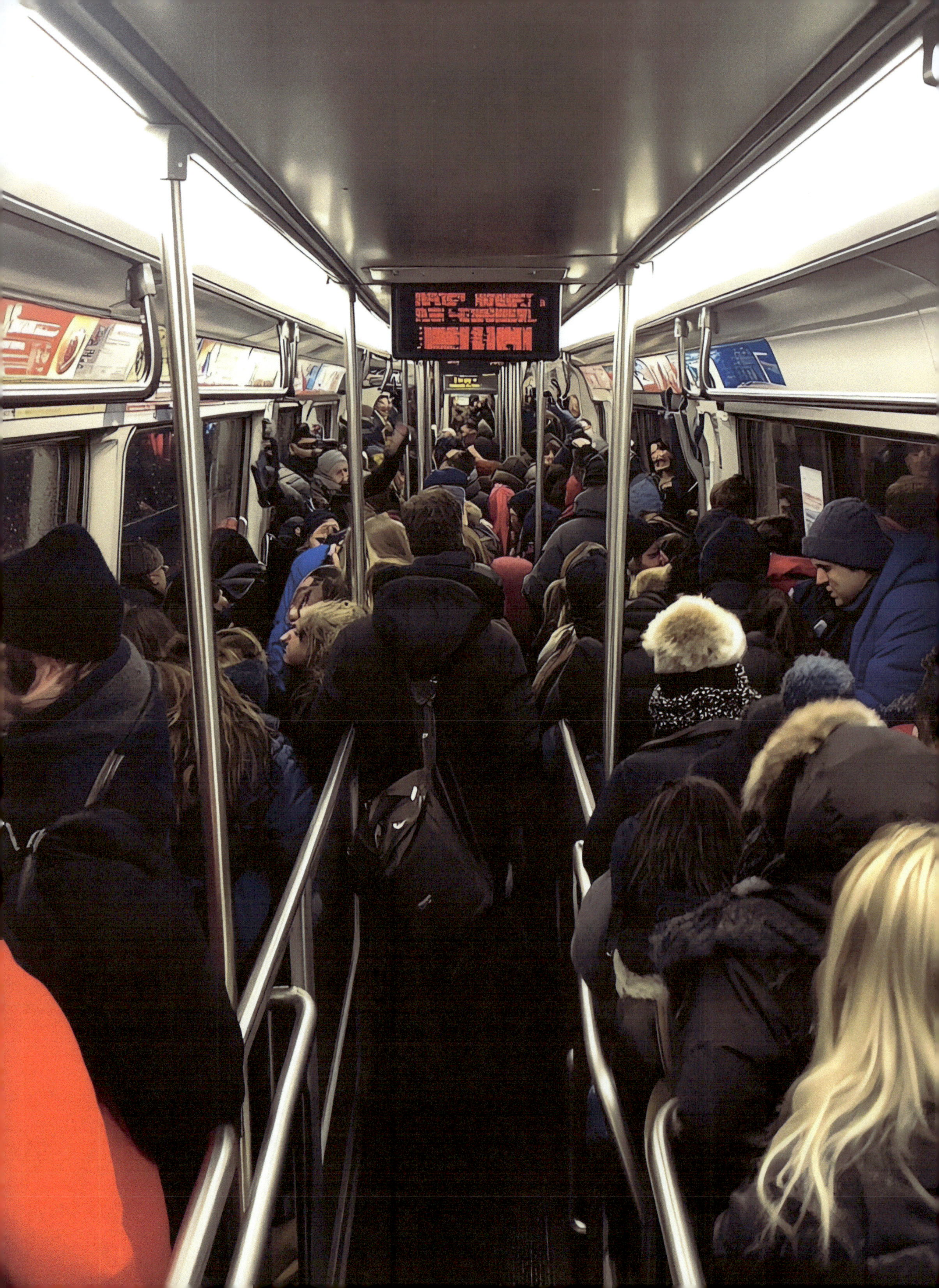

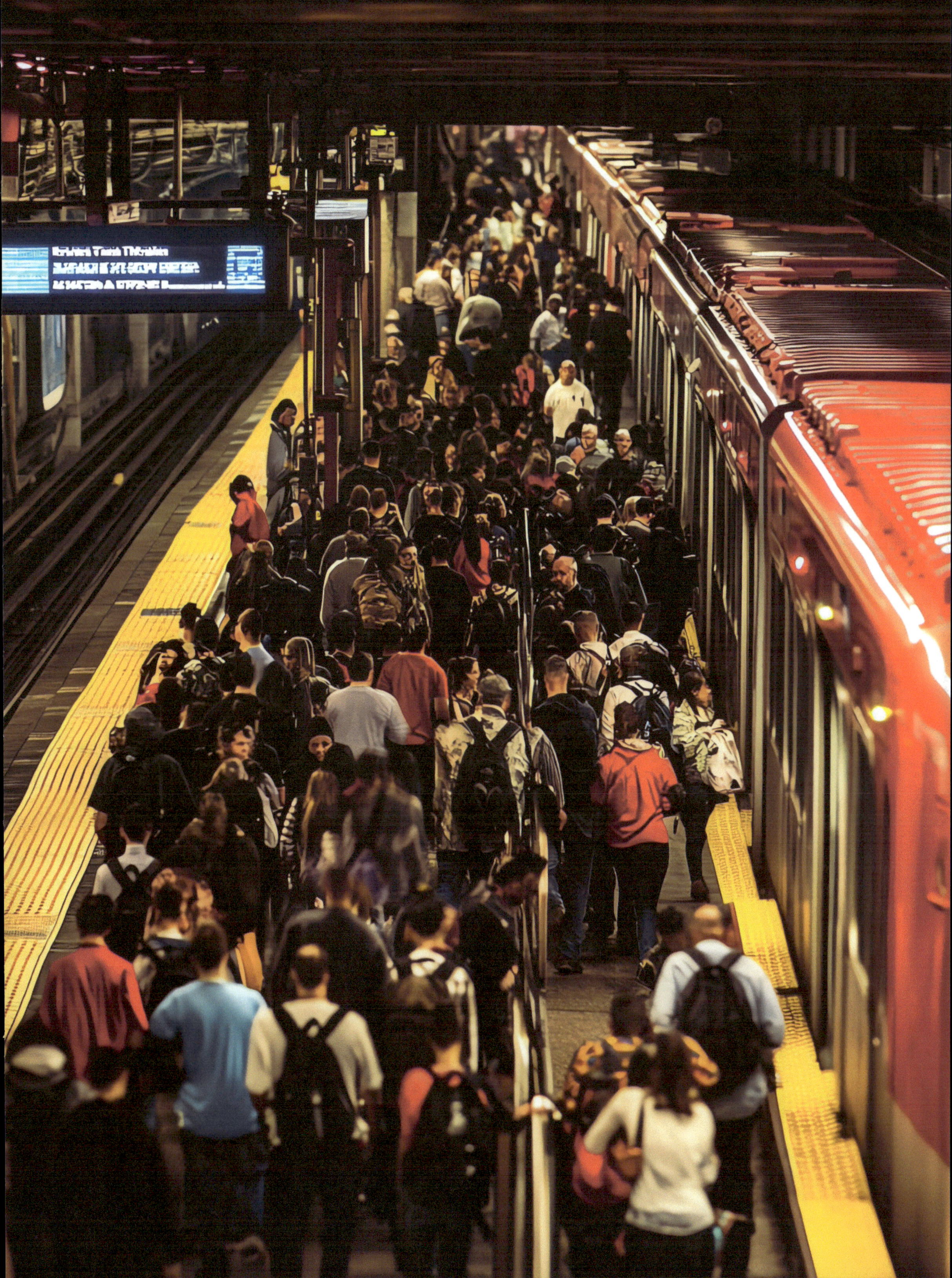

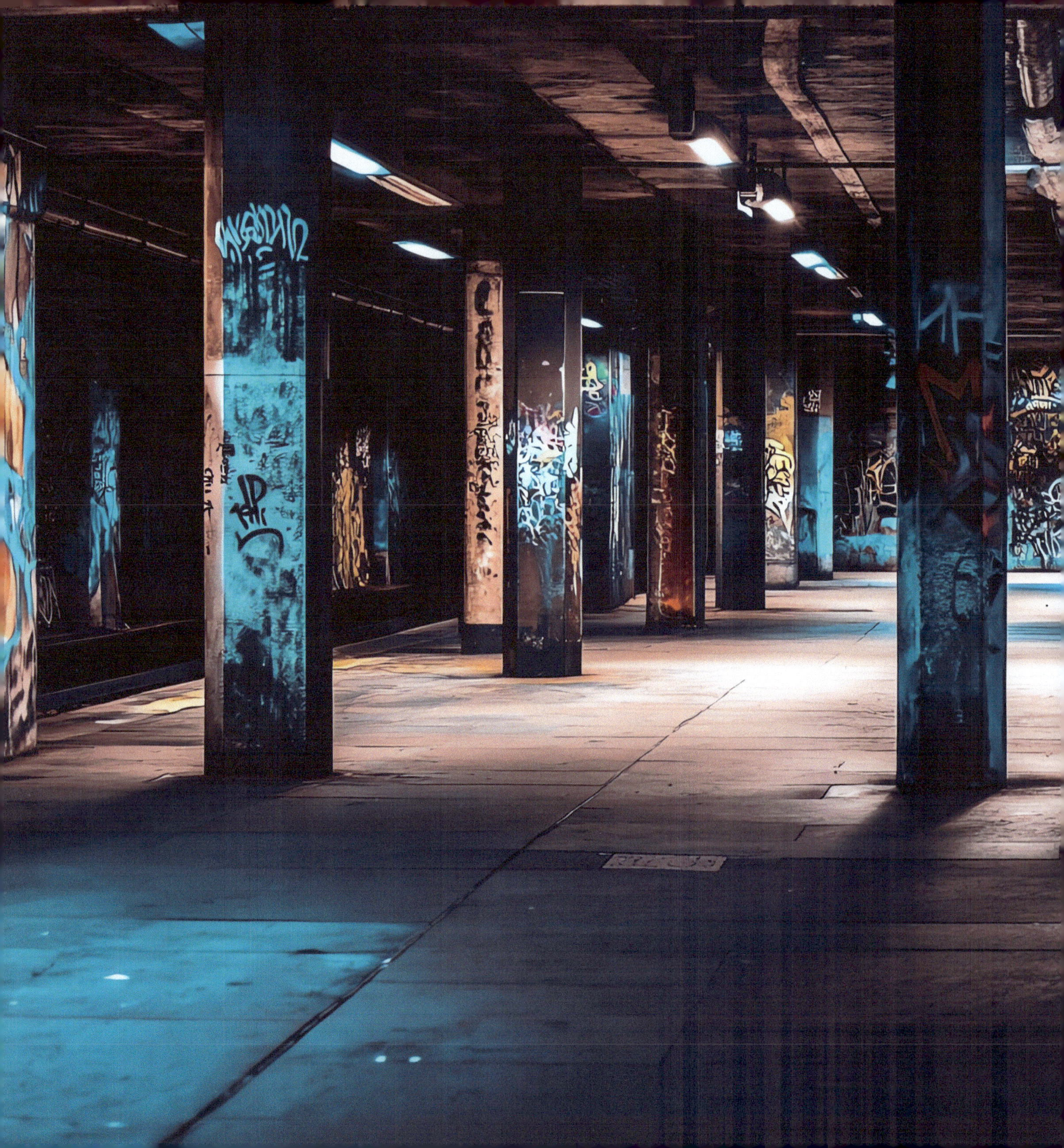

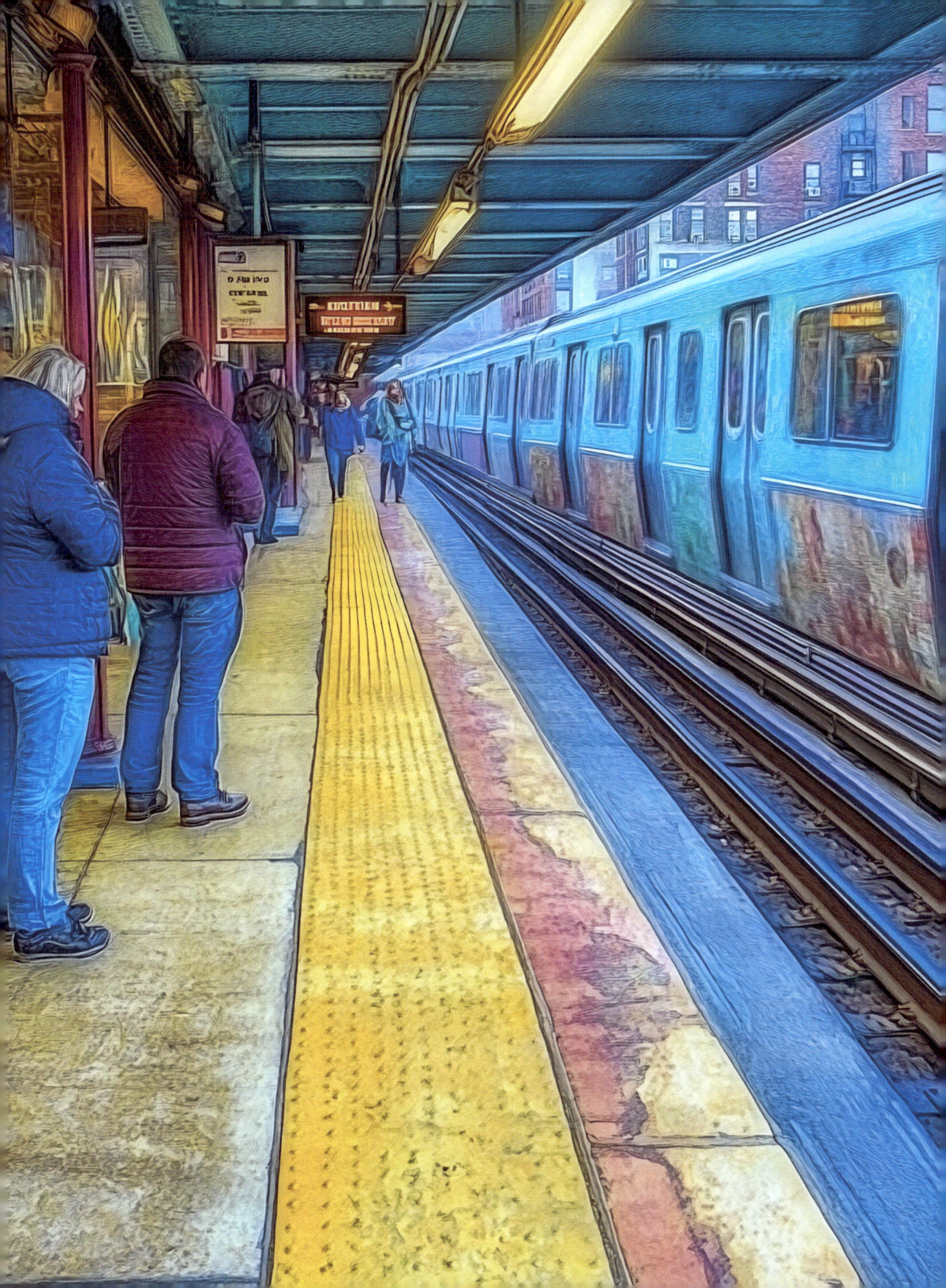

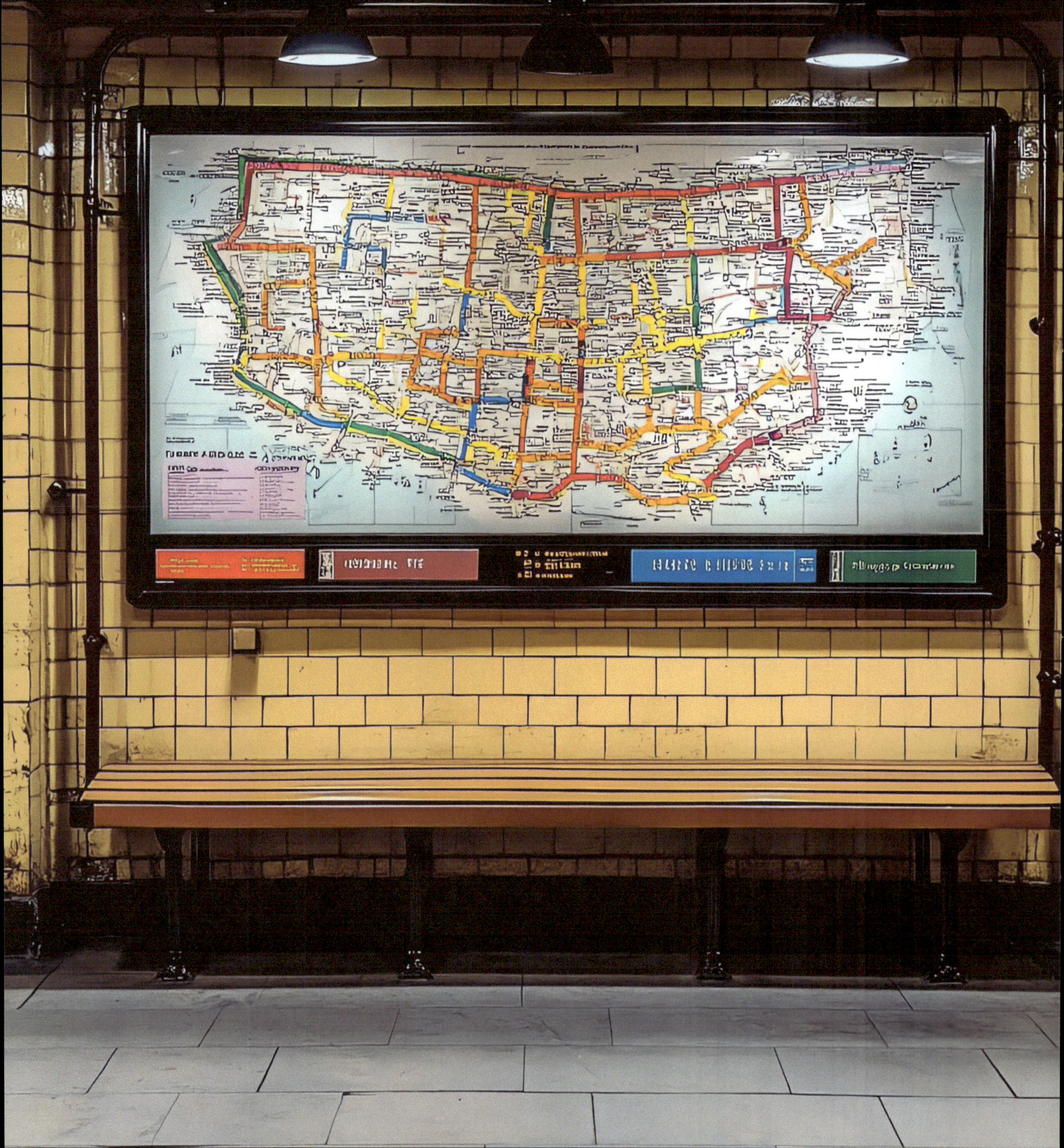

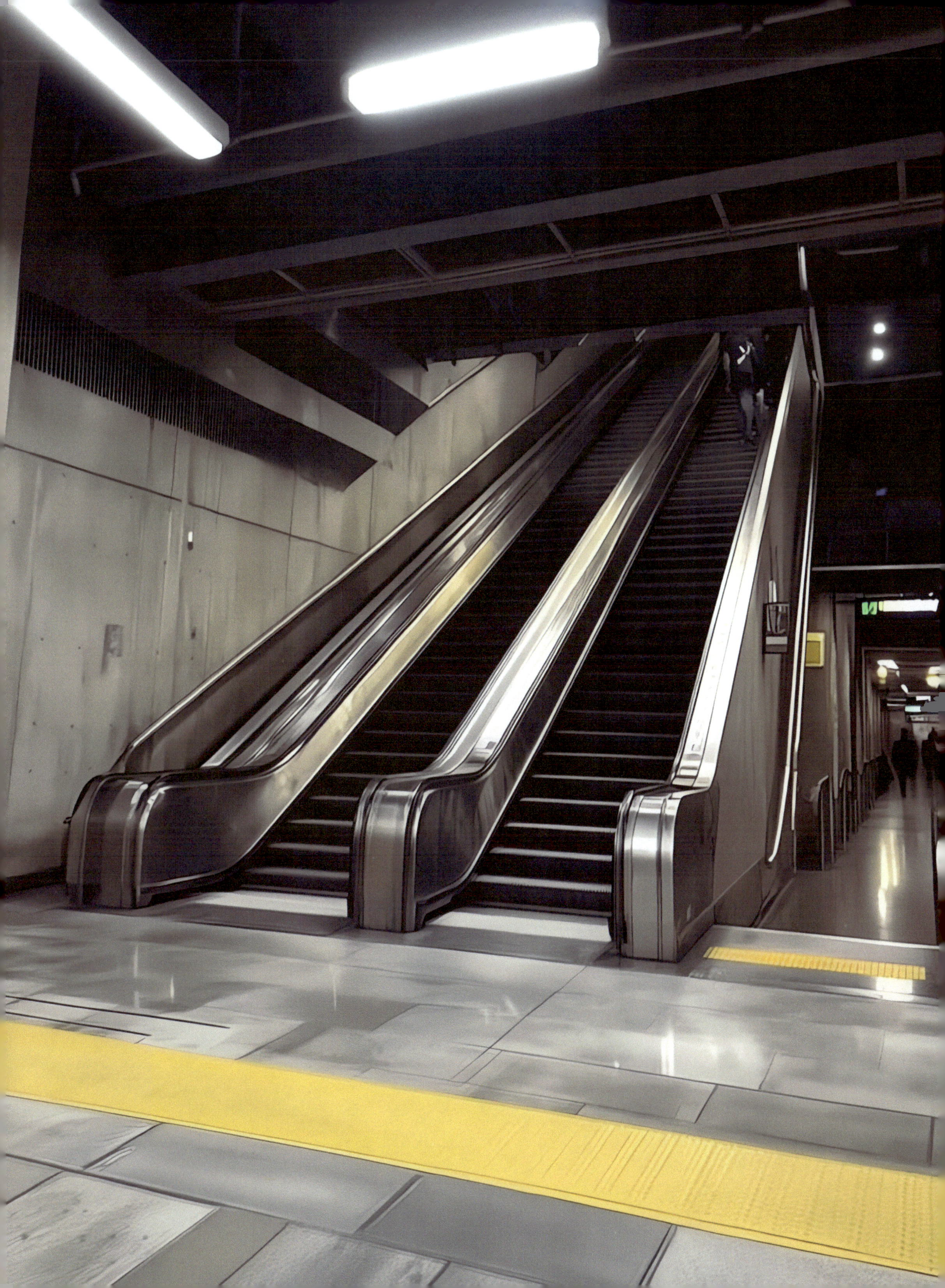

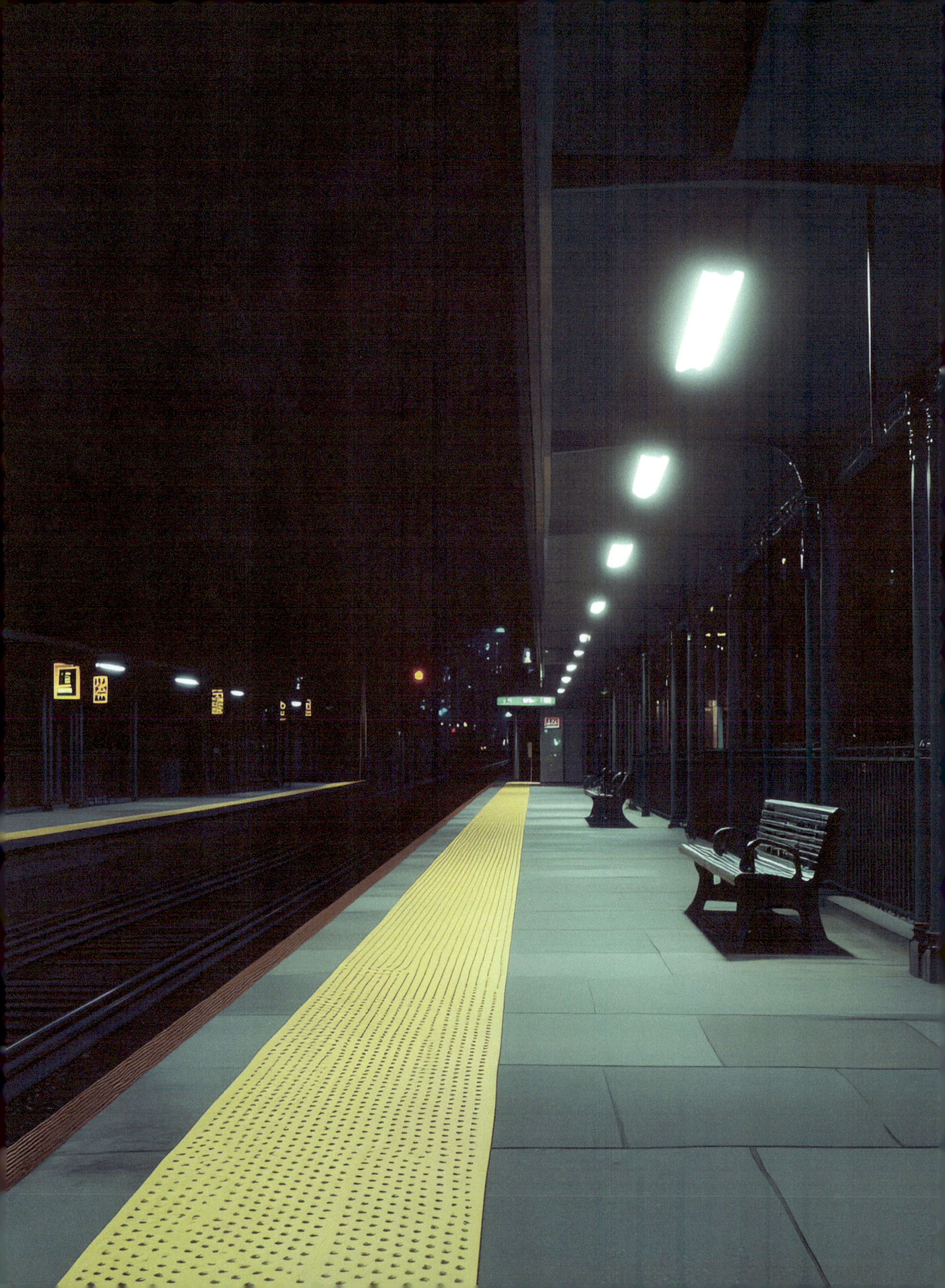

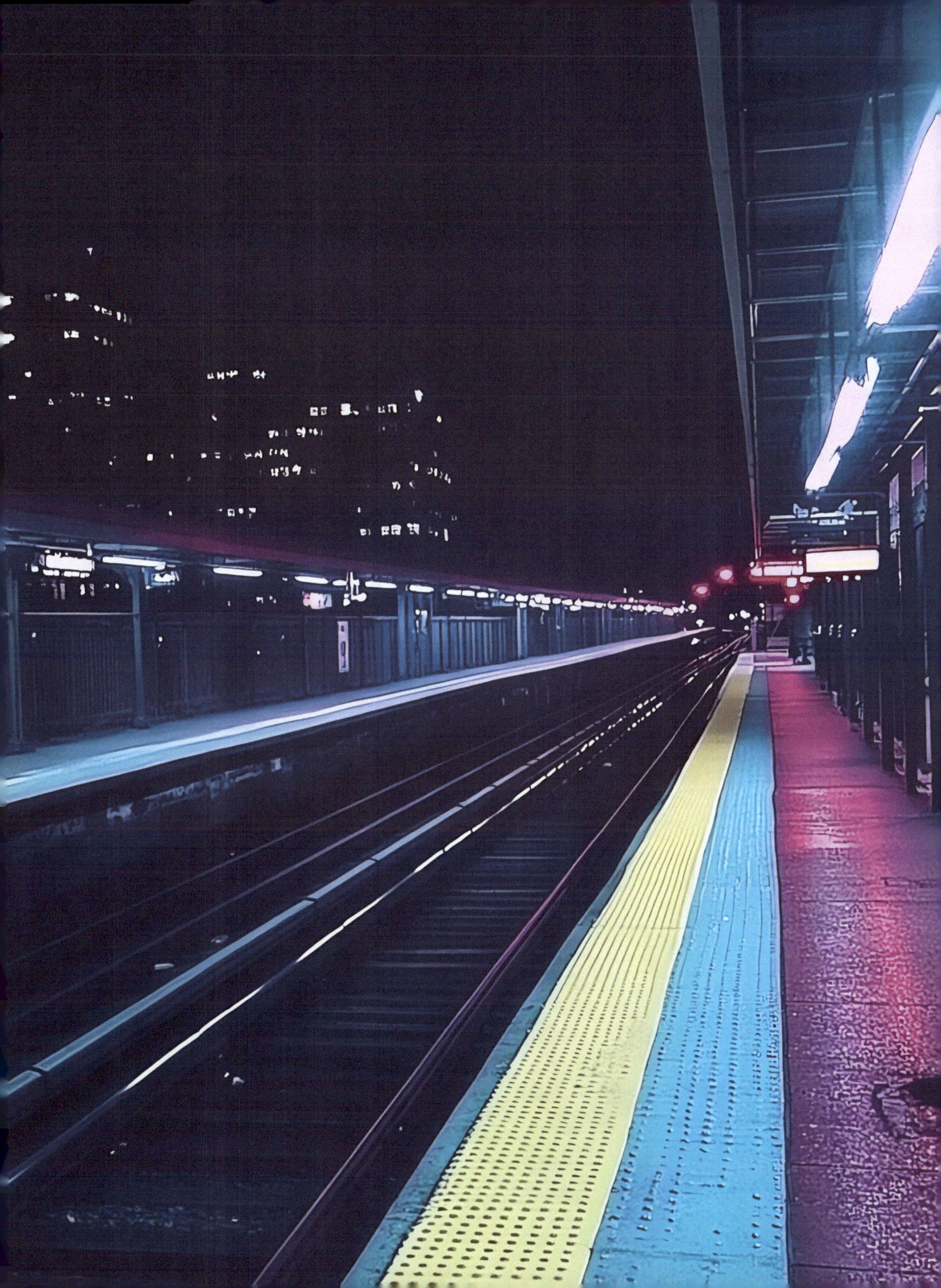

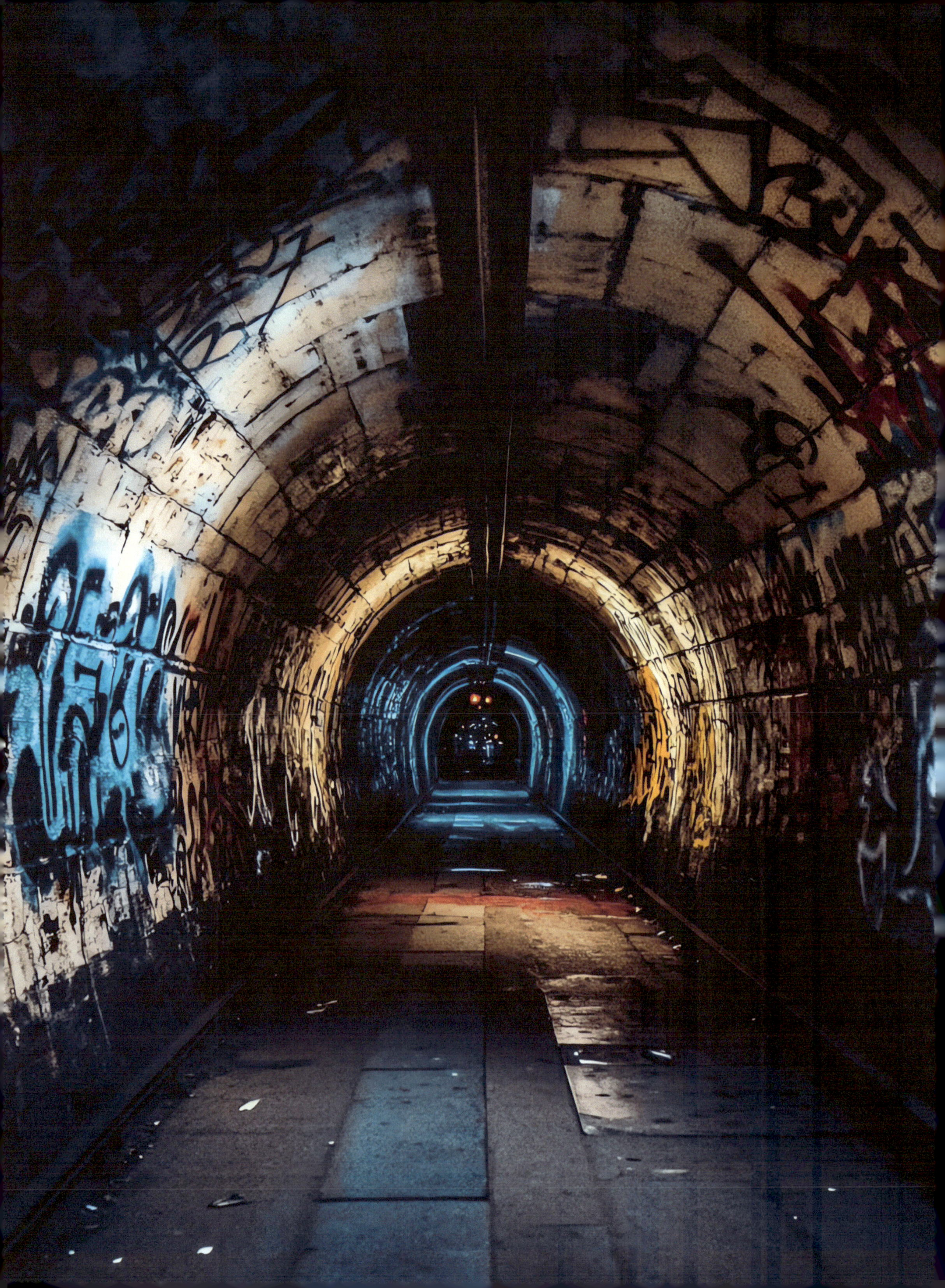

www.ingramcontent.com/pod-product-compliance
Lightning Source LLC
Chambersburg PA
CBHW040426220526
45473CB00004B/1355
* 9 7 9 8 3 0 3 2 2 8 0 3 0 *